F.T.Sandman

JIM CARROLL

Poeta, Punk, Ribelle

CHINASKI EDIZIONI

L'editore rimane a disposizione per coloro avessero a vantare eventuali diritti sulle immagini delle quali non è stato possibile rintracciare i proprietari.
Le citazioni di testi di canzoni e poesie sono inseriti a scopo puramente didattico, come consentito dalla legge n.159 dell 22/05/93.
Nessuna parte di questo libro può essere riprodotta in qualsiasi forma o da qualsiasi mezzo meccanico o elettronico, inclusi l'archiviazione d'informazione o sistemi di recupero, senza l'autorizzazione scritta da parte dell'editore.

Prima Edizione marzo 2010
ISBN: 978-88-89966-49-5

Progetto Grafico di Marco Porsia
L'immagine di copertina è di Meeno Peluce
Per le immagini all'interno si ringraziano:
Paul Sanchez, Jon Tiven, Mary Greer, Eric Thompson, Stephen Spera

www.chinaski-edizioni.com
info@chinaski-edizioni.com
ftsandman@gmail.com

Copyright 2010 Chinaski srl
Tutti i diritti riservati

RINGRAZIAMENTI

Devo ringraziare parecchie persone se sono riuscito a portare a termine questo lavoro. Se mi avessero detto che la mia sarebbe stata la prima biografia su Jim Carroll ad uscire nel mondo gli avrei riso in faccia. E invece eccoci qui.
Ringrazio, in rigoroso ordine alfabetico:
Anton Sanko, per la passione e la gentilezza con cui mi ha messo al corrente del periodo in cui ha lavorato con Jim.
Betsy Learner e Brian Linsley, per aver accettato di parlare con me e condividere le loro memorie.
Cassie Carter, che mi ha dedicato tempo ed energie, e che da anni cura il sito www.catholicboy.com, una vera Bibbia per gli amanti di Jim e una preziosa fonte per l'autore di questo libro.
Enrico Meloni, per il veloce e preciso lavoro di traduzione sull'enorme rassegna stampa riguardante Jim.
Episch Porzioni, fonte d'ispirazione continua e imprescindibile aiuto nel recensire con competenza e obiettività i dischi della JCB e il periodo storico in cui sono stati prodotti.
Francesca D'Ancona per avermi spinto a intraprendere questo viaggio. Senza quella telefonata non credo ci sarebbe questo libro.
Gerald Malanga, che mi ha concesso il suo tempo nonostante fosse impegnato ad organizzare un'importante mostra fotografica a New York.
Gian e Edi Traversa per l'affetto e la pazienza con cui hanno sopportato la mia totale full immersion in questo

libro. Comprendo quanto sia difficile vivere con un autistico.

Ginger Coyote è stata splendida nel condividere con me i suoi ricordi e il suo particolare rapporto con Jim.

Gary Heftern e Ron Mann per avermi dedicato un po' del loro tempo.

Jon Tiven per essere stato semplicemente fantastico. Mi ha rilasciato due esaustive interviste, ha condiviso con me tre pezzi inediti di Jim (più una foto) e si è sempre fatto trovare disponibile qualsiasi cosa avessi bisogno.

Lenny Kaye, con cui ho avuto una lunghissima telefonata domenicale, nella quale il mio inglese da terza media ha fatto più danni della grandine.

Grazie infinite a Mary K Greer che ha condiviso ricordi di un periodo lontano e messo a disposizione le sue preziose foto dei mesi in cui viveva con Jim a Bolinas.

Marco Porsia, la colonna su cui si sono retti, si reggono e si reggeranno tutti i miei lavori.

Paul Sanchez è stato monumentale. Ha risposto alle mie domande e passato un sacco di tempo a picchiarsi con il computer di sua moglie per riuscire ad inviarmi gran parte delle foto presenti in questo libro.

Robert Fitzgerald, che ha condiviso con me ricordi di anni passati ad organizzare reading di Jim nelle Università americane. Sei un dannato pazzo!!!

Roberth Roth per l'impegno e l'amore con cui si è dedicato a supportare questo progetto.

Sara Boero, per il preziosissimo aiuto nella traduzione delle tante interviste concessemi dagli amici e collaboratori di Jim.

Stephen Spera che mi ha aiutato quando il libro era ormai quasi pronto per andare in stampa. Ti avessi contattato prima: grazie.

Steve Linsley per la lunga intervista e per l'impegno nell'accertarsi che riportassi su pagina in maniera accurata la storia della Jim Carroll Band.
Un grazie particolare a Victor Bockris: è stato un flash poter lavorare con uno dei migliori biografi di questo secolo.
Wayne Woods, per avermi concesso il suo prezioso tempo in un momento delicato della sua vita.
Mi scuso con tutte le altre persone che sicuramente meritavano di essere ringraziate.
Prendetevela con la mia memoria che se n'è andata da un pezzo.

Ho lavorato così

Tutte le citazioni di Jim Carroll sono estratti di interviste, articoli, dichiarazioni pubbliche, apparizioni televisive.
Le fonti sono indicate nelle note e nella bibliografia.
Idem per gli altri personaggi coinvolti.
Dove non è riportata nessuna fonte, significa che le dichiarazioni sono state rilasciate a me direttamente dagli interessati.

Dedicato a Jim, grazie di tutto…

Intro

Sono seduto in un bar del centro, la pioggia batte sui tendoni e rinfresca l'aria, un'aria che solo ieri era calda come il soffio del Santa Ana. È il mese di settembre. Ho appena concluso un'assurda telefonata con uno degli organizzatori del mio previsto reading su Bob Marley e la poesia rasta nelle scuole superiori. Mi è stato detto che potrò parlare di tutto, senza censura alcuna, tranne che di marijuana. È un po' difficile omettere un particolare di questa portata quando si parla di cultura rastafariana. La ganja è il loro sacramento, l'erba che cresceva nel giardino di re Salomone e il saggio monarca fumava per concentrarsi e governare il suo popolo.
Per carità, Fede, parla di tutto ma non di canne... sai son ragazzi giovani, magari non capiscono.
Bene, continuiamo a trattare i nostri ragazzi come stupidi. Però poi non lamentiamoci se continueremo ad avere adulti idioti.
Comunque ho detto ok, anche se so benissimo che non rispetterò il diktat e dirò tutto quello che ritengo meriti di essere detto.
Ordino un caffè. Il mio *socio* è in ritardo e il tempo quando piove sembra passare più lento.
Afferrò una copia de La Stampa poggiata sul tavolino accanto al mio e vado direttamente alla pagina della cultura. Ormai sui quotidiani le uniche sezioni di cui puoi fidarti sono cultura/spettacoli e sport. Della politica si ha una visione più veritiera sfogliando Novella 2000.
Leggo che è morto Patrick Swayze, l'attore di "Ghost" e "Dirty Dancing". Negli anni ottanta se volevi far colpo su qualche tipina mettevi su quei due film e la lingua in bocca era assicurata. La vita era più facile.

Sto per passare allo sport, anzi ho già girato pagina, quando la coda del mio occhio sinistro faxa urgentemente al cervello l'ordine di tornare indietro su un micro trafiletto a piè di pagina:

Jim Carroll, poeta e musicista punk è morto a 60 anni.
Lo ha confermato al New York Times l'ex moglie Rosemary Carroll, secondo la quale lo scrittore è morto per un infarto nella sua abitazione a Manhattan.
Al suo libro autobiografico "The Basketball Diaries" (uscito in Italia con il titolo "Jim entra nel campo di basket") si ispira il film "Ritorno dal nulla" (1995) con Leonardo DiCaprio nei panni del protagonista. Personaggio noto della scena newyorkese degli Anni Settanta, lavorò alla Factory di Andy Warhol, collaborando con Lou Reed e il fotografo Robert Mapplethorpe. L'amica Patti Smith lo ha definito "il migliore poeta della sua generazione".

A quel punto il tempo si ferma. Almeno per me. Mi mordicchio le labbra e un po' mi incazzo. Sapevo che negli ultimi anni Jim non stava bene, aveva visibilmente diradato le pubbliche apparizioni e le poche foto uscite in rete lo ritraevano pallido e magro come uno scheletro, il viso scavato e gli occhi persi a cercare dove si fosse nascosta una fine che probabilmente lo aveva già trovato. Eppure... eppure sognavo di poterlo incontrare. Avevo provato a reperire fondi per organizzargli un reading in Italia senza successo ma confidavo che entro un paio d'anni sarei riuscito a cacciarmi dentro un maledetto aereo e, una volta arrivato a New York, avrei trovato il modo di bussare garbatamente alla sua porta di casa a Inwood. E lui mi avrebbe fatto entrare. Ci saremmo scolati qualche birra e avremmo parlato di musica e poesia. Gli avrei raccontato la mia storia, quella del commesso squattrinato che diventa scrittore e poi editore e riesce a camparci partendo dal buco del culo della

periferia di Genova. Quello che decide di provare a scrivere dopo aver letto i suoi "Basketball Diaries" e ascoltato a palla la musica dei Doors.
Già, se ho iniziato a scrivere e a far sì che questo diventasse il mio lavoro un buon 50% è merito di Jim Carroll. Il mio primo e unico romanzo, "Il Contorno del Camaleonte" è stato, più di ogni altra cosa, influenzato dai "Basketball Diaries" e da "Forced Entries", il secondo diario di Jim.
E invece il *catholic boy* se la batte in ritirata, l'11 settembre 2009, stroncato da un infarto mentre, immagino io, sta lavorando a qualche nuovo verso.
A quel punto la mia giornata perde il senso che aveva e ne acquista un altro.
Pago il caffè, tiro su il cappuccio della felpa e inizio a camminare sotto la pioggia. Metto su le cuffie dell'I-pod e cerco fra i file "Catholic Boy", il primo album della Jim Carroll Band. Il disco che tanti critici all'epoca definirono come uno degli album punk più rappresentativi del periodo.
Alzo il volume e inizio a camminare di buon passo canticchiando senza interruzione da "Wicked Gravity" a "Nothing is True".
Poi parte "People Who Died", l'inno punk che Jim dedicò ai suoi amici sbeffeggiati dalla morte, un successo che negli anni coverizzarono parecchie band, una fra tutte i Marilyn Manson.
E allora esplodo. Cazzo è morto l'uomo che mi ha, seppur inconsapevolmente, aiutato a trovare una strada. La mia strada.
E allora inizio a ballare sotto la pioggia, fregandomene della gente che passando mi prende per un coglione.
E allora inizio a cantare a squarciagola le tristi vicende di Teddy, Cathy, Bobby, Georgie e gli altri protagonisti

della canzone, noncurante della pozzanghere che inzuppano le mie scarpe da ginnastica.

Teddy sniffing glue he was 12 years old
Fell from the roof on East Two-nine
Cathy was 11 when she pulled the plug
On 26 reds and a bottle of wine
Bobby got leukemia, 14 years old
He looked like 65 when he died
He was a friend of mine

Those are people who died, died
Those are people who died, died
Those are people who died, died
Those are people who died, died
They were all my friends, and they died

G-berg and Georgie let their gimmicks go rotten
So they died of hepatitis in upper Manhattan
Sly in Vietnam took a bullet in the head
Bobby OD'd on Drano on the night that he was wed
They were two more friends of mine
Two more friends that died / I miss 'em—they died...[1]

---

[1] Teddy sniffava colla aveva dodici anni/ cadde da un tetto sulla ventinovesima Est/ Kathy ne aveva undici quando staccò la spina/ con 26 rosse ed una bottiglia di vino/ Bobby aveva la leucemia, 14 anni/ sembrava ne avesse 65 quando morì/ era un mio amico/ Questa è gente che è morta, morta/ Questa è gente che è morta, morta/ Questa è gente che è morta, morta/ erano miei amici e sono morti/G-Berg e Georgie lasciarono arrugginire le loro siringhe/ così morirono di epatite nella Upper Manhattan/ Sly si beccò una pallottola in testa in Vietnam/ Bobby andò in overdose inalando acquaragia nella notte in cui si sposò/ Loro erano altri due miei amici/ altri due amici che morirono/ e mi mancano tutti, e sono morti.

Ragazzi giovani e disperati, schiavi di un buco o di un tiro di colla, urla fradice contro una disperazione asciutta, assi di picche scivolati dal mazzo alla prima mano, che oggi trottano nel vento come fantasmi trascinati dal pifferaio magico Carroll, joker che non ride, joker dai capelli rossi e lo sguardo gelato.

Jim Carroll St Johns University Minn (1983 © Paul Sanchez)

THE SIXTIES

I was a Catholic Boy, redeemed through pain, not through joy[2]
Jim Carroll
Tratto dalla canzone "Catholic Boy"(1980)

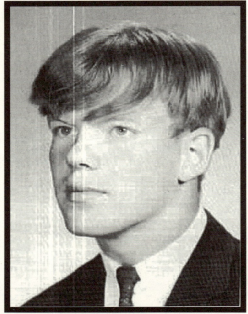

Jim nel 1968, a diciotto anni

---

[2] Io ero un ragazzo cattolico, redento attraverso il dolore, non attraverso la gioia.

1.

Jim nasce tre minuti dopo la mezzanotte del primo di agosto del 1949 (anche se alcune fonti riportano il 1950, nda) all'ospedale di Bellevue, New York. Cresce nel Lower East side, zona povera e prevalentemente abitata da immigrati neri, ispanici, italiani e irlandesi. Anche i Carroll sono di origine irlandese. Suo padre, Thomas J., gestisce un bar per un contrabbandiere di bevande alcoliche di Dutch Schukz. Sua madre, Agnes, fa la casalinga.
Jim ha un fratello più piccolo che si chiama Tom.
A chi vuole farsi un'idea dell'aspetto dei genitori del nostro, consiglio di guardare la foto sulla copertina del disco "Catholic Boy" scattata da Annie Leibovitz. Sono i due abbracciati a Jim.
Non è facile la vita da quelle parti in quegli anni, devi crescere in fretta, saperti adattare, essere furbo ma non troppo. Arrangiarti. Jim sembra riuscirci benissimo. In più possiede un magnifico dono, un dono che la natura sembra avergli regalato con una certa noncuranza: giocare a basket. Già a dodici anni è la stella incontrastata della scuola. E poco importa se il resto del tempo lo passa in giro per la quattordicesima con altri teppistelli come lui, sniffando colla, rubacchiando nei supermercati e scippando signore. Nella giungla urbana ti arrangi come puoi. I furtarelli di Carroll e la sua ghenga gli fanno ottenere anche un paio d'articoli sul giornale locale, che li battezza "I Banditi del Pannolino".
La variopinta popolazione del quartiere ispira parecchio il giovane Jim, che alla passione del basket alterna quella per la scrittura. Se non riuscirà ad essere un giocatore di basket professionista sogna di diventare giornalista

sportivo. E infatti inizia a scrivere di sport sul giornale della scuola.
Carroll:
L'unica cosa buona che mi ha dato la scuola è stato un professore che mi ha insegnato a scrivere facendomi ritagliare gli articoli che scrivevano Red Smith e Arthur Daley[3] sul New York Times e Sports Illustrated.
Sottolineando metafore e similitudini mi mostrava certe tecniche, spiegandomi l'uso di allegorie, sostantivi e metafore. Mi ha insegnato veramente tanto. Quando quell'estate finì, era l'estate in un cui andavo per i tredici anni, realizzai che volevo scrivere. Ma non avevo nessun incarico. Pensai di scrivere un romanzo. Potevo farcela con i dialoghi, le immagini, la voce, ma non ero in grado di sostenere una trama. Così decisi che avrei potuto scrivere un diario, non del tipo 'caro diario' o roba del genere ma qualcosa dove avrei scritto di giornate in cui era capitato qualche aneddoto interessante, così che ogni intervento potesse essere letto per conto suo.
Jim allora non sa che saranno proprio quei diari iniziati fra i dodici e i tredici anni a dargli la fama internazionale. Per ora è solo un giovane inquieto dei ghetti di New York con i capelli lunghi e un talento naturale nel giocare a pallacanestro. Il suo tiro preferito è da fuori con la mano sinistra, in sospensione. È sbalorditivo il suo modo di giocare e dopo ogni partita gli applausi si sprecano.
Jim gioca talmente bene da essere notato dal talent scout Mike Tittleberger (in un'intervista Carroll lo definirà "una checca") che gli fa ottenere una borsa di studio per la prestigiosa ed esclusiva scuola Trinity di Manhattan, istituto dove hanno studiato personaggi come l'attore

---

[3] Due celebri giornalisti sportivi americani.

Humphrey Bogart e gli scrittori Truman Capote, Bill Berkson e Aram Saroyan.
La Trinity è la classica scuola severa, quasi hard-core, di stampo britannico. Tutti maschi, uniforme obbligatoria, punizioni corporali, insegnanti gay e competizione fra gli studenti spinta al massimo livello. Otto volte all'anno i migliori studenti trovavano i propri voti pubblicati sul giornale della scuola e, alla fine dei corsi, i migliori tre ricevono un premio in denaro.
Qui Jim letteralmente esplode come cestista diventando All-American nella Biddy League di Basketball e tre volte All-City e capocannoniere della squadra. Fra i suoi avversari del periodo c'è un altro giocatore particolarmente bravo che il nostro affronta diverse volte: Ferdinand Lewis Alcindor Jr., al secolo Kareem Abdul Jabbar[4].
Carroll[5]:
Mi ricordo di quando ho visto il film "Il Cavaliere della Valle Solitaria", immaginando me stesso come il ragazzino innocente e il rattrappito pistolero al contempo. Alla fine del film si vede tutto questo: Alan Ladd, calmo e freddo, spara a Jack Palance. Ma poi Alan fa una cosa con una velocità impressionante: la sua pistola rientra nella fondina roteando e il ragazzino lo guarda ammirato, con gli occhi che ballano. Alan fa questa cosa qui ma senza essere presuntuoso. È come se io sapessi fare tutto questo nel basket, come smarcare e

---

[4] Ferdinand Lewis Alcindor Jr. aka Kareem Abdul-Jabbar (16 aprile 1947). Cestista statunitense, oggi assistente allenatore dei Los Angeles Lakers. È tuttora il primo realizzatore nella storia dell'NBA. Diventò famoso in gioventù come Lew Alcindor, cambiando poi nome in seguito alla conversione all'Islam.

[5] Dichiarazione rilasciata da Carroll a John Milward e pubblicata su Penthouse nel marzo del 1981.

confondere un avversario, ma usando questi trucchi solo quando necessario.

Sono periodi di grandi cambiamenti per Jim che si trasferisce con la famiglia a Inwood, nella punta più estrema del nord di Manhattan, una zona prevalentemente abitata da irlandesi.

Jim odia il nuovo quartiere, decisamente fighetto, e ancor più la nuova scuola per ricchi.

Gli amici restano comunque quelli di prima, si può fare sempre una capatina nel vecchio quartiere. Solo gli interessi cambiano a tredici anni compiuti. E allora si passa dalla colla all'eroina. Il primo buco Jim se lo fa nella cantina di Tony, un amico di East Side.

Come racconta nei suoi diari, era sceso per *tirarla* ma un suo amico gli disse che per *tirarla* tanto valeva iniettarsela. E Jim disse *ok*. E questo amico aggiunse che se aveva deciso di usare l'ago tanto valeva iniettarsela in vena. Jim fece di nuovo *sì* con la testa e l'amico gli cacciò la siringa nel braccio.

Tredici anni: niente male come inizio.

Carroll scrive nei suoi diari che ha iniziato ad usare prima l'eroina della marijuana, perché credeva fosse la seconda a dare dipendenza e non la prima. Un leggero errore di valutazione.

Poco importa, quella è la generazione dei "figli della bomba", ragazzi che crescono senza visualizzare alcun futuro. È il periodo della guerra fredda e Jim, come tanti suoi amici, non pensa di arrivare a vent'anni. I media e i politici ne parlano di continuo: "Prima o poi quei comunisti dei russi lanceranno l'atomica!".

E allora perché preoccuparsi del domani? Il sentimento diffuso è un misto di rabbia e paura per l'imminente distruzione nucleare.

Carroll:[6]

Non avevo paura del mondo ma solo dell'incertezza se la bomba sarebbe esplosa oppure no. Non ero solo io ad avere questa paura. Credo che molta gente avesse paura della bomba a quei tempi... mio fratello non era così spaventato e mi sfotteva durante la crisi cubana. D'altra parte, quando sgattaiolavamo fuori dal letto per stare in piedi sino a tardi e vedere il film dell'orrore che davano al venerdì, lui poi non dormiva e faceva un sacco di incubi, mentre io non avevo problemi. Come si dice, ognuno si sceglie il suo male.

La cultura giovanile è ormai diventata contro-cultura: una reazione alle posizioni bugiarde delle istituzioni corrotte, ai falsi moralismi e alla minaccia atomica. In cerca di un'alternativa all'ipocrisia della società, Jim e i suoi amici bussano alle porte della droga, cercando nell'estasi artificiale un rimedio al pessimo presente e al possibile "no future".

Jim è precoce in tutto, anche nell'approcciarsi al sesso. Perde la verginità a dodici anni. Ha rapporti completi sia con coetanee che con ragazze un po' più grandi.

Come le bionde gemelle dai sensuali lineamenti ebrei Winkie e Blinkie, con le quali passa un pomeriggio memorabile di sesso sfrenato. Oppure come Melody, marxista quattordicenne, che il nostro si sbatte dopo essersi sorbito tre ore di dissertazione su "Il Capitale". Per non parlare di Alice e della sua sorellina minore, che amano fare pompini a Jim e ai suoi amici sulla spiaggia di Long Beach quando sono un po' fumate.

---

[6] Dichiarazione rilasciata da Carroll allo scrittore Thomas Gladysz e pubblicata sul blog di quest'ultimo.

E che dire di Bubble-Gut, una ragazzetta della scuola, che si porta dietro anche quattro ragazzi per volta?
Carroll[7]:
Con la sua uniformina della parrocchia e così tanti graffi sulle cosce... ma se andavi con lei eri marchiato, per cui c'era un'aura protettiva di silenzio tra noi ragazzi... per il resto andavamo nel parco con le ragazzine per bene che ci baciavano senza la lingua e si incazzavano quando qualcuno aveva un'erezione. Quindi, mentre noi pensavamo "cazzo, quella troia non mi ha fatto neanche toccare le tette", le ragazze correvano via, tra l'eccitazione e la paura, urlando: "è diventato grande da un momento all'altro e mi sono sentita questa cosa che si strusciava su di me".

Nonostante il flirt con la roba, e per il momento di semplice flirt si tratta, il nostro continua ad andare a scuola con buoni risultati, giocare a basket e scrivere. Non solo il diario: Jim si appassiona totalmente alla poesia. Un amore che durerà tutta la vita. Si innamora dei versi di Frank O'Hara[8] e Allen Ginsberg[9] e inizia a scrivere anche lui i suoi primi componimenti.
Carroll:[10]
Volevo diventare un poeta. Dicevo a tutti che era quello che volevo fare. La poesia non era solo roba da

---

[7] Dichiarazione rilasciata da Carroll a John Milward e pubblicata su Penthouse nel marzo del 1981.

[8] Francis Russell O'Hara (27 marzo 1926 - 25 luglio 1966). Innovativo poeta americano che diede vita, insieme ad altri illustri artisti, alla New York Poetry School.

[9] Irwin Allen Ginsberg (3 giugno 1926 - 3 aprile 1997). Uno dei poeti più influenti del Novecento americano nonché guru della Beat Generation.

[10] Dichiarazione rilasciata da Carroll allo scrittore Thomas Gladysz e pubblicata sul blog di quest'ultimo

femminucce. Nel quartiere dove sono cresciuto era quella l'idea che si aveva e anche io la pensavo così. Quando però ho iniziato a leggere Frank O'Hara e Allen Ginsberg ho pensato che i poeti contemporanei avessero l'energia del rock and roll. La scrittura era naturale per me, il che è strano perché non avevo alle spalle una storia famigliare di artisti. La mia famiglia era assolutamente contraria a tutto questo.

In quel periodo di ribellione contro tutto e tutti, di rapporti umani ridotti all'osso e voglia di uscire dagli schemi, Jim trova un sorprendente sostegno in una vecchia suora della sua scuola, con la quale trascorre un sacco di tempo.

Carroll:[11]

Non ero il tipo di ragazzino a cui piacevano le suore ma quando ero in terza stavo per essere soprannominato leccaculo perché stavo sempre in giro con Sorella Victoise. Lei mi ricordava Madre Teresa. Era come stare con un buon giocatore di basket da cui imparare nuove mosse... assorbivo da lei questa radiosità, questo dolce modo di vivere la vita con compassione verso gli altri. Mi ha mostrato un registro interiore... Era vicina alla morte eppure così dolce e comprensiva... all'inizio questo mi confondeva ma alla fine mi diede un senso di umanità che andava oltre la fede in Dio, di cui all'epoca già dubitavo. Mi fece conoscere più intimamente me stesso.

Per quasi tre anni Jim è un adolescente che conduce una tripla vita: promettente giocatore di basket, poeta in erba e tossico-prostituto.

---

[11] Dichiarazione rilasciata da Carroll a John Milward e pubblicata su Penthouse nel marzo del 1981.

Già, perché l'eroina ti fa pagare dazio e ben presto il giovane Carroll si trova una bella scimmia sulla schiena. Una scimmietta ingorda che ha sempre fame. Fame di eroina. Jim è snello, alto, molto più alto della sua età, ha un viso efebo e aggraziato che attira i pederasti della Grande Mela come i lecca lecca fanno con i bambini. Per comprarsi la roba inizia a prostituirsi, facendosi masturbare, e anche peggio, nei bagni delle stazioni o in sordide camere di motel. Gli capitano ogni genere di pervertiti. Manette, frustini, maschere, catene sono all'ordine del giorno. Una volta un tipo lo costringe a sdraiarsi nudo sul letto mentre un pappagallino mangia chicchi d'uva adagiati sui peli del suo pube. In un'altra occasione un distinto uomo d'affari lo porta nella sua stanza d'albergo. Qui Jim trova un gatto legato al water e un bagno caldo pieno di schiuma bello pronto. L'idea del pervertito è di immergersi nella vasca, farsi pisciare addosso e masturbarsi mentre Jim frusta a morte il gatto. Il nostro non ci sta, aspetta che il tipo si immerga nella vasca e inizia a colpirlo con una serie di pugni in faccia, quindi gli frega il portafogli, libera il gatto e se ne va.

Carroll:[12]

Ero un pessimo marchettaro. Quando avevo quattordici-quindici anni giravo tra la fottuta Greenwich Avenue e Christopher Street finché qualcuno mi aprì gli occhi sul fatto che, visto che laggiù tutti lo davano via gratis, non c'era modo di fare soldi.

Un sacco di ragazzi scappati di casa andavano sulla Quarantaduesima Strada, come nel libro "Teenage Lust"

---

[12] Dichiarazione rilasciata da Carroll agli scrittori Legs McNeil e Giliam McCain e pubblicata sul libro "Please Kill Me" pubblicato nel 1996.

di Larry Clark[13] ma per me quelle erano stronzate alla "Un Uomo da Marciapiede"[14].
Poi un tizio più grande di me mi diede la dritta di andare tra la Cinquantatreesima e la Terza, che era la zona in cui battevano i ragazzi a New York City.
Così ci andai e mi vidi offrire un sacco di soldi, ma a quel punto dovetti rinegoziare perché, a meno che non avessi il popper[15], lasciavo solo che mi succhiassero il cazzo. O al massimo gli facevo una sega o cose del genere. Non avrei mai permesso a qualcuno di scoparmi. E non me li sarei scopati io, a meno che non avessero del popper. Se avevo del popper potevo anche scoparmeli. Li scopavo per bene, ah, ah, ah. Mi piaceva ancora di più se erano belli grassi e con un sacco di soldi, ah, ah, ah....

Per un periodo Jim si vede anche con un'allucinata signora, amica della madre di una sua ex fidanzata. La tipa, un'attraente quarantenne, da a Jim parecchi soldi per la roba e in cambio pretende che lui si vesta da donna e interpreti la parte di una madre severa che la sculacci mentre la penetra.

A quindici anni le continue battaglie con i genitori a causa della droga, della politica, dei capelli lunghi e della poesia portano Carroll ad abbandonare casa. Poco dopo i suoi si separano.

---

[13] Lawrence Donald Clark (1 gennaio 1943). Scrittore e regista di discussi film come "Kids" e "Ken Park".

[14] Film del 1969 basato sull'omonimo romanzo di James Leo Herlihy che racconta la storia di un giovane texano che finisce a prostituirsi con uomini a New York.

[15] Il popper è solitamente nitrito di amile o similari. Ha goduto di una certa notorietà all'interno delle comunità gay a causa delle proprietà euforizzanti e al contempo anestetizzanti e miorilassanti che agevolavano la penetrazione anale.

Nostro padre era un barista in un vicinato irlandese conservatore e doveva ascoltare quotidianamente commenti denigratori fatti dai suoi clienti su Jim, come "drogato" e "hippie", così come sentir la gente riferirsi a Jim come "sua figlia" per via dei suoi lunghi capelli... questo, in aggiunta al suo uso di droga, è stata una significativa fonte di tensione tra Jim e nostro padre. Anche se in realtà i capelli di Jim alle superiori erano più corti di quelli di Paul McCartney ma comunque troppo lunghi per i clienti di un bar irlandese, ricorda Tom Carroll.

Jim si perde allora per le strade della Grande Mela, dormendo ovunque trovi un posto sicuro dove sdraiarsi, molto spesso al Quartier Generale, una scura galleria popolata da giovani sbandati e senza tetto. Rubacchia qualcosa da mangiare nei fast food e continua a prostituirsi per tirare su i soldi per comprarsi la dose. Ottenuta la busta Jim si rannicchia in qualche angolo, l'ago scava nel braccio e il nostro parte per il viaggio, svegliandosi dai suoi vaneggiamenti solo quando la sigaretta che immancabilmente tiene fra le dita sta per bruciare la sedia sotto il suo culo.

Carroll:[16]

L'ultima riga dei Diaries "I just wanted to be pure" (voglio solo essere puro, nda) *l'ho scritta perché cercavo la purezza nella decadenza. Volevo vedere se l'oblio dava la stessa sensazione di come ci si sente a stare in una fossa. Volevo vedere ogni cosa dentro di me, la droga rallenta le cose affinché tu le possa afferrare.*

---

[16] Dichiarazione rilasciata da Carroll a John Milward e pubblicata su Penthouse nel marzo del 1981.

Prendevo degli appunti dopo ogni viaggio che mi facevo e un paio di parole mi servivano, poi, a ricordarmi tutto quanto: la mia mente fotografava la scena ed era come tornare indietro nel tunnel del disegno che avevo in testa.
La sua vita è scandita ormai ventiquattr'ore su ventiquattro dall'eroina: tirare su i soldi, aspettare il pusher in un parco buio, controllare la scimmia, farsi. Due ore di non sofferenza e tutto ricomincia da capo. La fregatura dell'eroina è questa: all'inizio ti fa stare da Dio ma dopo un po' di volte la magia finisce e ti fai solo per non stare male. Ed è un lavoro pesante. Soprattutto a quindici anni.

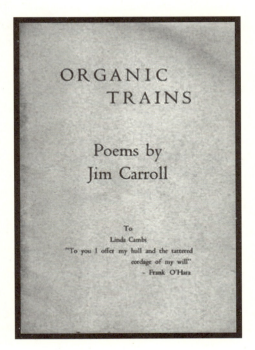

2.

In un assolato giorno del giugno 1966 Jim trascorre tutto il pomeriggio di fronte al Museo d'Arte Moderna. Non sta attendendo nessun pusher né ha in programma di prostituirsi o derubare qualcuno. Sta semplicemente aspettando che Frank O'Hara, il suo poeta preferito e curatore del museo, esca in strada.
Carroll:[17]
Quando uscì lo pedinai fino a casa. Prese la metropolitana ad Astor Place e poi camminò verso la sua abitazione passando attraverso la Grace Church.
La sua raccolta "Lunch Poems" era così brillante e luminosa. Persino un pivello nuovo alla poesia poteva percepire il suo spirito mentre con qualcuno come, ad esempio, John Ashbery[18] hai bisogno di un background più sofisticato. Frank scriveva queste poesie su quello che vedeva per strada durante l'ora di pranzo, fermandosi al negozio della stazione nella via del museo, e usava una Olivetti semplice per annotare le impressioni della giornata... Così lo seguii fino a casa, concentrandomi sul suo modo di tirare indietro la testa come uno stallone fiero, come Roberto Clemente[19] o roba del genere, e assimilando ogni cosa che guardava.
Tre settimane dopo lui morì.

---

[17] Dichiarazione rilasciata da Carroll a John Milward e pubblicata su Penthouse nel marzo del 1981.
[18] John Ashbery (28 luglio 1927). Considerato il massimo esponente della scuola poetica newyorkese, fu uno dei primi a far confluire nella propria poesia linguaggi e stili contemporanei, derivati dai mass-media, dalla cinematografia e dal mondo urbano newyorkese.
[19] Roberto Clemente Walker (18 agosto 1934 – 31 dicembre 1972). Celebre giocatore portoricano della Major League di Baseball.

Nell'inverno del 1966 Jim viene beccato dalla polizia con tre dosi e una siringa. Il Giudice lo condanna a tre mesi nel centro adolescenziale di detenzione di Riker.
Sua madre non va mai a trovarlo.
Nonostante l'eroina, le marchette, la galera, la vita da randagio per le strade di New York, l'inevitabile addio alla carriera come promettente cestista, Jim continua a scrivere. Una passione che non lo abbandona mai. Pagine su pagine di diari e versi.
Nel 1966 inizia a frequentare le serate di poesia al St. Mark's Poetry Project, una sorta di laboratorio poetico che organizza reading dove si esibiscono poeti noti e meno noti dell'ambiente newyorkese.
Victor Bockris[20]:
Il St. Mark's Project era/è stato così speciale per così tanto tempo perché negli anni '60 e '70 la poesia era il passaggio obbligatorio, il passaporto per qualunque altra cosa si volesse fare. Così nei floridi anni '70 e '80 il St. Mark's è diventato il quartier generale dell'asse beat-punk. Era la casa tanto di Allen Ginsberg e Gregory Corso[21] quanto di Patti Smith e Richard Hell[22]. La chiesa di St. Mark, la casa del progetto, si trovava tra la 10th e la 2nd Avenue in quel calderone di creatività del Lower East Side. È stata riconosciuta a livello internazionale

---

[20] Victor Bockris (1949). Scrittore, poeta ed editore inglese trapiantato a New York, noto in particolare per le sue biografie di artisti e musicisti celebri.
[21] Gregory Nunzio Corso (26 marzo 1930 - 17 gennaio 2001). Poeta statunitense di origine italiana, considerato uno dei più dotati fra il movimento della Beat Generation.
[22] Richard Meyers aka Richard Hell (2 ottobre 1949). Bassista, cantante, compositore e scrittore statunitense. È stato membro dei Television, The Heartbreakers, The Voidoids e Dim Stars.

come il centro della poesia moderna americana. St. Mark era uno dei dieci posti chiave nei quali la controcultura di Manhattan si andava sviluppando. Chiunque poteva andarci e molti poeti (come il sottoscritto) si sono fatti le ossa sul suo palco, così femminile, bello e duro allo stesso tempo. Com'è chiaro, luoghi come quello sono investiti da un oceano di emozioni divergenti.

Alla St. Mark un imberbe Jim assiste alle performance e conosce poeti come Anne Waldman[23], Allen Ginsberg e John Ashbery.

Carroll:[24]

Una volta ho chiesto a John Ashbery perché non scrivesse mai oscenità nelle sue poesie. Mi ha risposto che la vita era già abbastanza oscena di suo. Voleva che la poesia fosse una via di fuga da questa vita così oscena.

Jim ha sedici anni e mezzo quando si autoproduce un libretto di appena diciassette pagine intitolato "Organic Trains", contenente sedici sue poesie.

Carroll:[25]

Non ne ho parlato con nessuno per il primo anno perché volevo che fosse il mio libro a parlare, così come voglio che, quando gioco a basket, sia il mio modo di giocare a parlare per me, e non io a parlare di lui. E poi ho sempre voluto controbilanciare la mia immagine da ragazzo di strada e quando alla fine mi sono presentato a poeti

---

[23] Anne Waldman (2 aprile 1945). Poetessa sperimentale, è stata fra i fondatori del St.Mark Poetry Project. Allen Ginsberg la definì la sua "moglie spirituale".
[24] Dichiarazione rilasciata da Carroll a Jerry Stahl e pubblicata su *The Paper* nel dicembre del 1998.
[25] Dichiarazione rilasciata da Carroll a John Milward e pubblicata su Penthouse nel marzo del 1981.

come Ted Berrigan[26] e Anne Waldman questi mi hanno detto: "figo, ci chiedevamo chi cazzo fossi, un ragazzo di strada o una specie di bulletto". È come un contrappunto: uso due facce, una contro l'altra, per creare una certa immagine di me, colpire con grande impatto.

Il lavoro viene premiato da un circolo di giovani poeti associati che comprende Anne Waldman, Lewis Warsh[27], Larry Fagin[28], Michael Brownstein e Bill Berkson[29].
Carroll:[30]

Il mio insegnante di arte mi prestò il suo loft giù al Village mentre lui era a Cape Cod per l'estate. Avevo sedici anni. Il mio primo libro di poesie venne fuori quell'estate. Era solo un piccolo libro, tipo trenta pagine, ma mi convinsi che sarei stato un poeta. Non mi preoccupai di quanto sarebbe stata difficile la vita e tutto quanto, quella era la cosa che volevo fare. E quel genere di apertura mi aiutò a pormi in un modo differente, perché io ero sempre stato un tipo che se ne stava molto appartato e guardava le cose da una certa distanza... infatti i miei genitori mi portarono dal dottore perché

---

[26] Ted Berrigan (15 novembre 1934 - 4 luglio 1983). Poeta, ideatore ed editore di importanti riviste letterarie. È autore di più di venti libri di prosa e poesia.

[27] Lewis Warsh (1944). Poeta, insegnante ed editore newyorkese. È autore di oltre venticinque libri fra raccolte di poesie, romanzi e biografie.

[28] Larry Fagin (21 luglio 1937). Poeta, editore, insegnante e membro della New York School.

[29] Bill Berkson (30 agosto 1939). Noto poeta e successivamente editore americano.

[30] Dichiarazione rilasciata da Carroll a Jon Stewart e pubblicata su Interview nell'aprile del 1995.

pensavano avessi una qualche forma di epilessia quando invece avevo solo una vivida immaginazione.
Quando cominciai a scrivere le cose strane che immaginavo e attraverso le quali mi estraniavo, ero costretto a ordinarle per riportarle sulla pagina.
Un mercoledì sera, di fronte a Gem's SPA nell'angolo tra la 2° strada e St. Mark's Place, Jim avvicina uno dei poeti più noti del periodo: Ted Berrigan.
"Sono Jim Carroll", dice, "ti do questo libro di poesie perché mi fa piacere che tu lo legga".
Berrigan prende il piccolo volume e se lo porta a casa per leggerlo. La maggior parte delle poesie sono state scritte da Jim nell'ultimo anno.
Berrigan[31]:
La prima apparizione di Jim Carroll nella mia vita è stata quella di un'enorme zampa bianca appesa con decisione a un lungo, scuro, braccio di velluto. Era un tardo mercoledì pomeriggio dell'estate del 1967 e stavo davanti al Gem Spa, nell'angolo tra la 2nd Avenue e St. Mark's Place. Un rettangolo grigiastro mi impediva di vedere oltre. Mi fermai un po', benché questo tipo di cose non fossero inusuali al Gem. Ma di sicuro il gigante che venne avanti con quella mano era qualcosa di inusuale. Sembrava dicesse "Attenzione!", e così stetti attento. Il gigante disse: "Sono Jim Carroll", diventando da subito una persona molto interessante. "Mi hanno appena pubblicato questo libro di poesie e mi piacerebbe dargliene una copia per farglielo leggere".
"Lo leggerò con estremo piacere", dissi, ma era quello che dicevo ogni volta. Fu così che ebbi il piccolo

---

[31] Tratto dall'articolo *Jim Carroll* di Ted Berrigan, pubblicato su Culture Hero nel 1969

pamphlet di Jim Carroll. La copertina recitava: "Organic Trains" e, sotto, "Poesie di Jim Carroll". Dentro, sulla quarta di copertina, c'era una piccola nota scritta a mano che diceva: "Mi risponda per favore, vorrei fargliene leggere altre". E poi: "me ne fotto dello spelling: questo libro è stato stampato in New Jersey".
"Organic Trains" è un'esperienza sconvolgente. La maggior parte delle poesie sono state scritte quando Carroll era tra i quattordici e i sedici anni. Non ho mai visto nulla di simile. Potrei nominare Rimbaud ma senza rendere giustizia all'americanità di Carroll. Un critico forse citerebbe O'Hara, tuttavia O'Hara non ha mai scritto nulla di simile se non dopo i vent'anni. Le poesie sono fresche e nuove e continuano a esserlo ancora oggi. Se dev'esserci un'altra "Nuova Poesia Americana", e sicuramente c'è, come ricorda il titolo della nuova antologia "New American Poetry 1945-60", Jim Carroll è il primo vero nuovo poeta americano. Immaginare gli viene naturale, così come naturali sono i suoi sensi, e in realtà i cambi di luce che descrive veicolano informazioni tardive sino a farle giungere a noi... cosa c'è di meglio? Anne Waldman, una che queste cose dovrebbe saperle bene, dice: "Jim è un talento naturale. È così bello e alto, e probabilmente ne sa così tante... Mi piace come parla, potrei ascoltarlo per ore".
Qualche giorno dopo Ted e Jim si rivedono.
Berrigan:
Stavamo camminando a Julian's Billiard e Jim disse: "quando avevo nove anni realizzai che la cosa giusta non è solo fare quello che sai fare ma apparire grande mentre lo stai facendo".

Ted chiede a Carroll come ha iniziato a scrivere e Jim gli racconta dei diari, delle storie di pillole, sesso, droghe, alcool e nuova poesia americana che ama scrivere.
Gli scritti di Jim entusiasmano Berrigan, che si appassiona sia alle sue poesie che al primo manoscritto di "The Basketball Diaries", tanto da proporlo a quelli della prestigiosa rivista Paris Review - che ne pubblicano degli estratti a partire dal 1969 - e accompagnarlo a conoscere il guru della Beat Generation[32], Jack Kerouac[33], che allora vive con la moglie a Lowell, tentando di dominare il demone dell'alcool e tenere a bada gruppi di hippies che cercano di entrargli in casa a tutte le ore.
Carroll:[34]
È stata dura bypassare la moglie di Kerouac. I ragazzi volevano andarlo a trovare continuamente. A lui non piacevano gli hippies, era diventato un vero conservatore negli ultimi anni della sua vita. Sua moglie teneva distante chiunque si presentasse in pellegrinaggio alla porta con una copia di "Sulla strada". Se lei avesse fatto entrare qualcuno c'era il rischio che Jack si facesse trascinare in magari tre giorni di bevute e lei voleva evitarlo ad ogni costo...
Di ritorno dal Maine io e Ted stavamo facendo l'autostop lungo la costa di Cambridge, dove dovevamo

---

[32] Movimento artistico, poetico e letterario sviluppatosi dal secondo dopoguerra negli Stati Uniti. Tra gli autori di riferimento: Jack Kerouac, Allen Ginsberg, William Burroughs, Gregory Corso, Neal Cassady, Gary Snyder, Lawrence Ferlinghetti.
[33] Jack Kerouac (12 marzo 1922 - 21 giugno 1969). Uno dei più influenti scrittori del Novecento americano. Autore di diversi romanzi fra cui "Sulla strada" ("On the Road"), vero e proprio manifesto della Beat Generation.
[34] Dichiarazione rilasciata da Carroll allo scrittore Thomas Gladysz e pubblicata sul blog di quest'ultimo.

tenere un reading. Non eravamo troppo distanti da Lowell, così Berrigan disse: "Fermiamoci a trovare Jack". Quindi andammo, sua moglie fu molto gentile e ci fece entrare. Purtroppo Jack era in cattiva forma e molto irritabile. Le cose non andarono troppo bene a parte il fatto che lui aveva letto The World, questo giornale ciclostilato di poesia della St. Marks che conteneva qualche mio pezzo. La storia che abitualmente si racconta - che lui abbia letto i Basketball Diaries - non è venuta fuori fin quando non è morto. In realtà io gli mandai semplicemente il manoscritto.
In un certo senso io gli piacevo, forse perché non ero troppo hippy. Era un periodo della sua vita in cui sosteneva William F. Buckley[35] come Presidente, non potevi veramente credere a quello che stava dicendo....

Jim rivede Kerouac nella primavera del 1969, qualche mese prima della morte dell'autore di "Sulla strada".

Jack si trova a New York per incontrare il suo agente e Jim lo raggiunge a casa di Larry Rivers[36] dove lo scrittore è attorniato da parecchi vecchi amici.

Jim va verso Kerouac, che lo riconosce e gli dice di aver ricevuto il manoscritto. Il vecchio beat aggiunge che gli farebbe piacere scrivere la prefazione al libro di Jim o due righe per la fascetta pubblicitaria da inserire in copertina. Sul momento Jim non ha intenzione di pubblicare i suoi diari. Vuole affermarsi come poeta e non come scrittore di strada. Tuttavia ringrazia Jack, che qualche settimana dopo gli manda una lettera che si

---

[35] William Frank Buckley, Jr. (24 novembre 1925 - 27 febbraio 2008). Noto conservatore americano e fondatore del National Review.

[36] Larry Rivers (17 agosto 1923 - 14 agosto 2002). Pittore, scultore, musicista, regista e occasionalmente attore ebreo-americano. Viene da molti considerato "il Padrino della Pop Art".

conclude con la frase: "A tredici anni Jim Carroll scrive meglio del 89% dei romanzieri di oggi".
Carroll:[37]
Quando decisi di pubblicare "The Basketball Diaries" (che vedrà la luce sotto forma di libro solo nel 1978, nda) *Anne Waldman sollecitò Burroughs[38] per avere una frase da inserire nella copertina del libro* (verranno usate entrambe, sia la frase di Kerouac che quella di Burroughs, nda).
Certamente quel commento di Kerouac è stato meraviglioso per me. Ho sentito quanto lui fosse stato generoso. So che non l'avrebbe scritto se non gli fosse piaciuto il mio lavoro. Credo sentisse che in qualche modo ero stato influenzato da lui. Pensava che stessi trasportando una torcia e in un certo senso era così. Non avevo letto Kerouac quando scrissi "The Basketball Diaries". Non avevo letto "On the Road" e nemmeno "Dharma Bums[39]". Avevo letto prima "The Town and The City", il suo primo romanzo, che era molto diretto nella forma. Non avevo letto lui e non avevo letto Burroughs ma avevo letto Ginsberg oltre a Frank O'Hara e John Ashberry e tutti i poeti della Donald Allen Anthology.
Nel 1969 quattro lavori di Jim - "Next Door", "The Distances", "The Loft" e "From the Basketball Diaries" - vengono pubblicati nell'antologia "The World Anthology: Poems from the St. Mark's Poetry Project", curata da Anne

---

[37] Dichiarazione rilasciata da Carroll allo scrittore Thomas Gladysz e pubblicata sul blog di quest'ultimo.
[38] William Seward Burroughs II (5 febbraio 1914 - 2 agosto 1997). Altro fondamentale scrittore della scena beat. Il suo più celebre lavoro è stato il discusso romanzo "Il pasto nudo" ("The Naked Lunch").
[39] Altro seminale romanzo beat di Kerouac, tradotto in Italia con il titolo di "I Vagabondi del Dharma".

Waldmam e pubblicata da Bobbs-Merril. Una seconda antologia, intitolata "Another World: A Second Anthology of Works from the St. Mark's Poetry Project" uscirà invece l'anno successivo e conterrà altre cinque poesie di Jim: "Vacation", "Living at the Movies" "Ten Things I Do When I Shoot Up", "The Blue Pill" e "The Scumbag Machine".
Sempre nel 1969, Jim vince il prestigioso premio "The Random House Young Writer's Award" per i brani tratti da "The Basketball Diaries" usciti su Paris Review.
Carroll:[40]

Quando ero un giovane poeta e stavo con la gente della scena di St. Mark, nella quale ero una specie di bimbo prodigio, si usava mandare le migliori poesie al Paris Review. E tutti volevamo che almeno una poesia ci venisse pubblicata nel Poetry, la roccaforte della poesia accademica, solo per dimostrare che era possibile farsi pubblicare. Loro hanno pubblicato una mia poesia molto lunga al primo colpo e tutti quanti gli altri erano abbastanza seccati da questo fatto. Ma dopo che vieni pubblicato non vuoi avere più nulla a che fare con la rivista. Ti rendi conto che tutto il resto delle cose pubblicate fanno cagare e che volevi solo dimostrare che eri pubblicabile. Mi ricordo di aver superato quella fase abbastanza velocemente.

---

[40] Dichiarazione rilasciata da Carroll al giornalista Louise Touch e pubblicata sul Hudson Current dell'otto marzo 2001.

THE SEVENTIES

Thick veins on the back of my forearm
like the rope of an acrebat,
have risen again

As line of demarcation
Between field of battle
Which vacillate easily but with some small pain
Across this flux of anguish between light and dark
Past and future   ash and flowering flame

Jim Carroll
Tratto da "New York City Variations" (1993)[41]

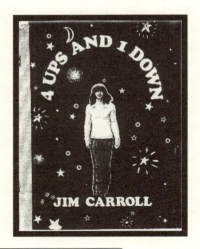

---

[41] Grosse vene sul dorso del mio avambraccio/ come la corda di un acrobata/ sono giunte di nuovo in superficie/ come una linea di demarcazione/ fra campi di battaglia/ che vacillano facilmente ma con poco dolore/ attraverso questo flusso di angoscia fra luce e buio/ presente e futuro   cenere e fulgida fiamma.

3.

Nonostante la sua pesantissima condizione d'eroinomane, Jim riesce a diplomarsi e a frequentare per un mese la Columbia University. Ma il bisogno di soldi è troppo impellente e allora abbandona gli studi, si sbatte in strada e va a lavorare come assistente dell'artista Larry Rivers, che collabora stabilmente con Andy Warhol[42].

Carroll:[43]

Riesci a racimolare sempre qualche cazzata da spararti in vena, ma devi avere un po' le mani in pasta, roba del tipo spacciare tu stesso o andartela a prendere dove la tagliano. E questo può diventare molto pesante: hai il culo per terra e per te non ce n'è più, non sei il solito tossico da strada, sei dentro al giro e ci sei fino al collo....

Successivamente Jim conosce anche lo stesso Warhol. Glielo presenta l'amico Gerard Malanga[44].

Malanga:

Io e Jim ci incontrammo per la prima volta a Central Park... credo che lui fosse in compagnia di amici comuni e, visto che avevo con me la mia macchina fotografica, fui incoraggiato a fare alcuni scatti. Non avevo idea di chi fosse. In quei giorni mi portavo sempre dietro la macchina fotografica, dovunque mi capitasse di essere ce l'avevo sempre a portata di mano.

---

[42] Andrew Warhola aka Andy Warhol (6 agosto 1928 - 22 febbraio 1987). Pittore, scultore e regista statunitense, figura predominante del movimento pop art americano.

[43] Dichiarazione rilasciata da Carroll a John Milward e pubblicata su Penthouse nel marzo del 1981.

[44] Gerard Joseph Malanga (20 marzo 1943). Poeta, fotografo, regista e archivista statunitense. Per un periodo fu anche manager di Warhol.

In un'occasione, invitai Jim alla Warhol Factory[45], che si trovava al 33 di Union Square West, dove lo fotografai che si rilassava sulla seduta della finestra guardando l'Union Square Park. In quel periodo indossava il suo taglio di capelli marchio di fabbrica alla Principe Valiant[46]. Sarà stato l'inizio dell'estate del 1970.

Alla Factory Jim trova lavoro, un lavoro quasi d'ufficio che trova pallosissimo. Dopo l'attentato subito da Warhol qualche anno prima[47], la Factory è diventata una specie di fortezza con codici, parole d'ordine, controlli e regole severe. In più Paul Morrisey[48] lancia una sorta di editto anti-droga e drogati, che costringe Jim ad andare al lavoro con le maniche lunghe per nascondere i buchi nelle braccia.

Sempre su decisione di Morrissey, dopo un po' le mansioni di Jim cambiano e dalla Factory viene trasferito alla direzione dell'Andy Warhol's Theater: Boys to Adore Galore, un cinema specializzato in pornografia omosessuale di proprietà sempre di Warhol. Con lui a dirigere la sala c'è Gerard Malanga. In realtà Jim più che fare il co-direttore sta al banco a staccare i biglietti e incassa il denaro per Andy. Ogni tanto fa sparire anche

---

[45] Il laboratorio creativo e quartier generale di Warhol, un luogo in cui giovani artisti newyorkesi potevano trovare uno spazio collettivo per creare.

[46] Personaggio creato dal fumettista americano Hal Foster. Il Principe Valiant ha contribuito alla diffusione in America della saga fantastica di Re Artù e della figura di un cavaliere errante, buono e valoroso.

[47] Il 3 giugno del 1968, l'aspirante scrittrice e attrice Valerie Solanas sparò a Andy Warhol ai Warhol's studio. La Solanas apparteneva al gruppo estremista di separatiste femminili chiamato S.C.U.M. (Society for Cutting Up Men). Sembra che alla base del gesto ci fosse una sceneggiatura che la donna aveva proposto ad Andy e che era andata perduta.

[48] Paul Morrissey (New York, 23 febbraio 1938). Regista statunitense. Personaggio chiave nell'ambito della pop art e collaboratore di Andy Warhol.

qualche dollaro, che non fa male alla scimmia che porta sulla schiena.

Carroll:[49]

Siamo seri innanzitutto. Non ti faresti di eroina se facesse cagare. Produce in te una specie di euforia, all'inizio. Ti rallenta il paesaggio che hai intorno così che puoi vedere le cose per come sono realmente, cioè una cagata totale. Il problema è questo: dopo un po' la droga diventa una scusa per non fare un cazzo. C'è una vocina dentro di te che dice: "Perché perdere tempo a lavorare? È così figo così!". E passi il tempo a fare "spuntini". Pensi comunque che stai facendo qualcosa. A volte fai davvero qualcosa, un po' alla cazzo di cane, ma comunque credi che stai facendo qualcosa. La differenza nel lavorare da sobri, come mi è successo per i miei nuovi libri di poesia, è che quando scrivi c'è un qualcosa di sentimentale, elemento che era abbastanza assente nei miei primi lavori.

Successivamente Jim va a lavorare come assistente per l'amica poetessa Anne Waldam alla St. Mark's Church. Il lavoro consiste nel disporre le sedie per le letture di poesia e toglierle una volta terminati i reading. Inoltre deve tenere a distanza ubriachi e rompipalle che cercano di disturbare le performance.

Nel 1970 la piccola casa editrice Angel Hair Press pubblica, in sole trecento copie, la raccolta di Carroll "4 Ups and 1 Down". L'opuscolo, di appena otto facciate, contiene cinque poesie: "Blue Poles", "Love Rockets", "Styro", "Poem on My Son's Birthday" e "To a Poetess". Carroll ha ormai vent'anni e il suo lavoro è incontestabile.

---

[49] Dichiarazione rilasciata da Carroll al giornalista Louise Touch e pubblicata sul Hudson Current dell'otto marzo 2001.

Dal 1970 al 1972 Jim vive in un sacco di posti diversi, da amici - come il poeta Bill Berkson - amanti e fidanzate.
Il suo covo principale, però, è una stanza del malfamato Chelsea Hotel di New York, fra la settima e l'ottava strada. Gliela paga l'amico Jerry Ragni[50].
Il Chelsea Hotel è sempre stato un posto leggendario per gli artisti. Costruito nel 1883, con dodici piani di appartamenti per quaranta famiglie, restò fino al 1902 l'edificio più alto di New York. Nel 1905 divenne un hotel per clienti a lungo termine. Nel corso degli anni ci sono passati: Dylan Thomas, Mark Twain, Jack Kerouac, Arthur Miller, Jean Paul Sartre, Simone de Beauvoir, Tom Wolfe, Gore Vidal, Allen Ginsberg, Gregory Corso e tanti altri.
Al Chelsea, Dylan Thomas prese l'ubriacatura che gli risultò fatale, Arthur Clarke scrisse "2001 Odissea nello Spazio", Bob Dylan compose "Sad Eyed Lady of the Lowlands" e, sempre al Chelsea, Sid Vicious accoltellerà la fidanzata Nancy Spungen. L'hotel è stato e sarà anche fonte di ispirazione per parecchie canzoni: "Chelsea Morning" di Joni Mitchell, "Third Week in the Chelsea" dei Jefferson Airplane, "Like a Drug I Never Did Before" di Joey Ramone.
Non sorprende che un tipo come Jim adori vivere in un simile nido d'artisti i suoi anni sregolati, da autentico bohemien. Intanto i suoi reading al Poetry Project e le due raccolte lo hanno reso un poeta conosciuto e apprezzato. Gli estratti dei "Basketball Diaries" pubblicati su Paris Review hanno fatto il resto, creando un alone leggendario intorno a questo giovane poeta

---

[50] Gerome Bernard Ragni (11 settembre 1935 - 10 luglio 1991). Attore, cantante e compositore. Principalmente noto per essere il co-autore del famoso musical "Hair".

ribelle, che vive per le strade come un ratto, si buca, fa marchette ed è finito pure in prigione.

Carroll:[51]

La droga mi svegliava di brutto: quando ero sotto il suo effetto iniziavo ad assopirmi, mentre la maggior parte dei ragazzi avrebbe iniziato a pensare a come fare un altro canestro e cose così. Ma per me questi viaggi dati dalla droga erano magici: quando il mozzicone della sigaretta mi bruciava le dita, mi svegliavo sobbalzando, eccitatissimo all'idea che in realtà non ero lì su quella spiaggia con il sole sulla linea d'orizzionte del mare. Ma questi vaneggiamenti non erano come sogni: non c'era niente di surreale. Era tutto come la realtà, però più intensa.

Jim, fra una crisi d'astinenza e un buco, non se la passa poi malissimo. Ha un sacco di ragazze bellissime che fanno la fila per uscire con lui, accudirlo, e che non disdegnano di lasciargli un paio di dollari per la roba prima di andare al lavoro.

Una sera Carroll sta rincasando al Chelsea Hotel quando nota un ragazzo e una ragazza che stanno litigando furiosamente davanti all'ingresso. I due in questione sono Patti Smith e Robert Mapplethorpe[52]. Appena vedono arrivare il nostro la lite si placa, Patti corre incontro a Jim e gli dice: "Ehi, tu sei Jim Carroll, giusto? Io sono Patti, ciao. Che ne dici se ci vediamo domani? Ho un libro che vorrei darti".

Jim risponde: "Certo, sono nella stanza..." ma Patti lo anticipa dicendo: "Lo so in che stanza sei".

---

[51] Dichiarazione rilasciata da Carroll a John Milward e pubblicata su Penthouse nel marzo del 1981.

[52] Robert Mapplethorpe (4 novembre 1946 - 9 marzo 1989). Fotografo statunitense. I suoi lavori più comuni furono ritratti di gente famosa, soggetti sadomaso e studi di nudo spesso maschili e omoerotici.

Il giorno seguente la Smith raggiunge Carroll in hotel. I due fanno subito l'amore. Patti è dannatamente presa da Jim e lo invita ad andare ad abitare nel loft che divide con Mapplethorpe.
Carroll:[53]
Tentò seriamente di convincermi ad andare a vivere nel loft che divideva con Robert. Sapeva che io uscivo con una modella di nome Devra, che era una specie di prototipo della modella anni sessanta - tipo Jean Shrimpton[54], non tipo Twiggy[55] - e io andavo davvero pazzo per Devra. E Patti diceva: "Amico, stai facendo una cazzata, dovresti sbarazzarti di lei. Te la porti in giro soltanto perché fa scena appesa al tuo braccio. Sono io la donna giusta per te".
La Smith si prende una vera cotta per Carroll. Tutte le mattine sale nella sua stanza e gli porta caffè, ciambelle al cioccolato e gelato italiano.
In quel periodo Jim da retta a un suo amico che gli propone l'insana idea di smettere con l'eroina facendosi iniezioni di speed in vena. Il risultato è devastante e Carroll è costretto a fumare secchiate di marijuana per recuperare un minimo di equilibrio. E chi gli recupera "l'erba medica"? Sempre Patti, che lavora in una libreria e appena può rubacchia qualche dollaro dalla cassa per portarli al nostro.

---

[53] Dichiarazione rilasciata da Carroll agli scrittori Legs McNeil e Giliam McCain e pubblicata sul libro "Please Kill Me" pubblicato nel 1996.
[54] Jean Shrimpton (7 novembre 1942). Modella ed attrice inglese che fece discutere quando, nel 1965, indossò ad un'importante manifestazione pubblica un abito molto corto disegnato da Colin Rolfe.
[55] Twiggy Lawson, all'anagrafe Lesley Hornby (19 settembre 1949). Famosa modella, attrice e cantante inglese. Ottenne il soprannome di "Twiggy" ("legnetto") per la sua figura magra da preadolescente.

Carroll:[56]
Quello fu uno dei miei periodi peggiori con la droga ma fu bellissimo al tempo stesso. Ho sempre pensato che Patti fosse una schizzata da anfetamine ma lei non prendeva droghe di alcun tipo, il che era straordinario perché era come se lei fosse tossica per conto terzi, insieme a me.

Alla fine Jim cede alle pressanti richieste di convivenza e si trasferisce da Patti e Robert. Tuttavia, all'insaputa della Smith, continua a vedersi con Devra.

Victor Bockris:
Considerato col senno di poi, il triangolo Carrol-Smith-Mapplethrope è un paradigma del punk newyorkese degli anni '70: rompe tutti gli stereotipi maschili e femminili. Jim è un uomo molto femminile, è stato anche una prostituta per uomini per un certo periodo. Robert è omosessuale. Patti è un mix delle personalità di Bob Dylan, Keith Richards ed Edith Piaf, ed è diventata così l'iniziatrice del punk a New York, benché non fosse proprio una punk in realtà. Solo il punk avrebbe potuto accogliere tali diversità. Tutto ciò che fecero fu fatto al massimo. Se non avessero condiviso tale situazione non sarebbero stati i protagonisti di quella fornace creativa e di collaborazione che, nel 1970, si trovava in West 23rd Street.

È curiosa la vita al loft: un poeta tossico, una futura cantantessa innamorata e un bizzarro fotografo gay. Un habitat davvero singolare.

---

[56] Dichiarazione rilasciata da Carroll agli scrittori Legs McNeil e Giliam McCain e pubblicata sul libro "Please Kill Me" pubblicato nel 1996.

Carroll:[57]

Io e Robert ci trovammo alla grande... spesso mi chiedeva come facevo ad essere sicuro di non essere gay, visto che facevo marchette con gli uomini. Mi chiedeva: "Non ti piace?". E io rispondevo: "Sì ma chiedo sempre i soldi prima, Robert. Sai, è per questo che ne sono sicuro. E anche perché dico a tutti che non potranno frequentarmi dopo". Doveva essere una cosa di una sola volta. All'epoca Robert stava cercando di convincersi di essere almeno bisessuale ma sapeva di essere gay e non c'era modo di tornare indietro.

Io lo avevo dato per scontato ma Patti non mi aveva mai parlato di Robert come di un fidanzato. Fece sempre sembrare come fossero fratello e sorella. A modo tutto suo, Patti è molto vecchio stampo.

È proprio Carroll a incoraggiare la Smith a dedicarsi alla poesia, allora più propensa a seguire la strada della fotografia e della pittura.

Jim è un poeta conosciuto ed apprezzato a New York e i suoi reading al Poetry Project fanno sempre il tutto esaurito. Anche la Smith vorrebbe esibirsi in quel contesto ma non gliene viene data la possibilità. Allora, quando Jim viene invitato per l'ennesimo reading, accetta a condizione di poter dividere il palco con Patti.

Il giorno del reading Carroll si trova a Rye, New York, a casa di un amico di nome Willie, un tossico con cui divide la busta. È mattina, i due sono lì a farsi belli tranquilli quando la polizia irrompe nell'abitazione con un mandato di perquisizione. Non trovano nulla a parte

---

[57] Dichiarazione rilasciata da Carroll agli scrittori Legs McNeil e Giliam McCain e pubblicata sul libro "Please Kill Me" pubblicato nel 1996.

qualche residuo di hashish ma questo basta per portare Jim e Willie in centrale. I due finiscono in guardina e ci restano fin dopo mezzanotte. Quando vengono liberati è ormai troppo tardi per arrivare al reading e Patti ha il palco tutto per sé.

Carroll:[58]

Nessuno sapeva dove fossi e quando Patti salì sul palco fece una specie di introduzione dicendo: "Beh, sapete tutti che Jim ha i suoi problemi". Credo però che Anne Waldman e tutti gli altri del Poetry Project fossero parecchio incazzati, allora Patti disse qualcosa del tipo: "A voi piace perché è un ribelle ma quando questa cosa si ritorce contro di voi e vi scombina i piani non vi piace più così tanto, vero? Bene io dico: brindiamo a Jim Carroll".

Questo però le dava la possibilità di fare il reading tutto da sola e credo che la cosa non le dispiacesse affatto. Ero stato talmente bravo da farmi arrestare e dare a lei il doppio dell'esposizione...

Patti Smith:[59]

I poeti della St.Marks erano così falsi e costruiti, scrivevavano roba del tipo: "Oggi alle 9 e 15 mi sono fatto di speed insieme a Brigid"... sono davvero bravi a mettere quella roba in una poesia, però se Jim Carroll arrivava in chiesa fatto e vomitava questo non era poetico per loro, non era figo.

Finché ci potevi giocare nelle tue poesie, tutto bene, ma se ci dovevi fare i conti davvero allora le cose cambiavano e non volevano averci niente a che fare.

---

[58] Dichiarazione rilasciata da Carroll agli scrittori Legs McNeil e Giliam McCain e pubblicata sul libro "Please Kill Me" pubblicato nel 1996.

[59] Dichiarazione rilasciata dalla Smith agli scrittori Legs McNeil e Giliam McCain e pubblicata sul libro "Please Kill Me".

Jim Carroll era l'unica possibilità per il Poetry Project di avere un tocco di veridicità. Jim è uno dei pochi, veri poeti americani. Lui è un poeta vero. All'epoca era un tossico. Un bisessuale che si era fatto scopare da qualsiasi genio, uomo o donna che fosse, di tutta l'America. Si era fatto scopare da tutta quella gente. Lui viveva le cose fino in fondo. Viveva in modo disgustoso. A volte lo dovevi tirar fuori da una fogna. Era un autentico relitto. Ma quale grande poeta non lo è stato? Mi uccide pensare che Jim ha scritto le sue poesie migliori prima dei ventitre anni, come Rimbaud.
Ma quelli lo misero nella lista nera perché aveva scazzato. Non si era presentato al loro reading di poesia. Era in prigione. "Buon per lui", dissero, "non possiamo più chiedergli di fare dei reding per noi". Ridicolo.
Una sera Patti accompagna Jim a vedere un rocker furioso che sul palco fa cose oscene e insulta il pubblico. Si chiama Iggy Pop.
Carroll:[60]
Fu Patti Smith a portarmi a vedere gli Stooges per la prima volta. Iggy si tolse la maglietta e uscì tra la folla, guardando verso la nostra direzione e Patty disse: "Credo sti venendo da noi".
Io le dissi: "Se mi spinge, lo stendo". Pensai: che cazzo sarebbe questa? Performance artistica? Ah, ah, ah. Ma Patti adorava quel genere di cose. Era trasportata ed infiammata dall'energia cruda e nuda, in qualsiasi forma.
La storia fra Jim e la Smith finisce quando lei scopre che Carroll si vede ancora con Devra, la modella bionda, e lo molla per Sam Shepard[61].

---

[60] Dichiarazione rilasciata da Carroll agli scrittori Legs McNeil e Giliam McCain e pubblicata sul libro "Please Kill Me".

Nella biografia[62] su Robert Mapplethorpe, l'autrice scrive che la Smith lascia Carroll dopo aver assorbito parte del suo talento per la poesia e aver ricevuto riconoscimenti per proprio conto, ma Jim non è d'accordo.
Carroll:[63]
Le cose non andarono in quel modo. In realtà ci allontanammo entrambi lentamente... lei diceva: "Io ti sono stata fedele e tu hai continuato a scoparti quella modella!"... È vero però che parlammo molto di poesia. Le poesie di Patti erano molto diverse dalle mie - lei aveva questa visione dionisiaca mentre io ero più apollineo. Ecco perché aveva tanto successo nel rock, era in grado di andare fuori di testa e bilanciare il tutto con la sua parte più dolce, per poi scatenare quel suo strano lato magico. Era molto brava ad esprimere le sue emozioni ma, per quanto riguarda la forma, non era molto disciplinata, e per me quello era davvero importante. Patti assorbiva tutto quello che le dicevo sulla forma e sull'importanza di frasi più lunghe ma, voglio dire, in realtà si trattava soltanto di tecnica. Nessuno dei due sarebbe cambiato più di tanto. Non è che mi piacessero tutte le sue poesie ma alcuni versi erano fantastici.
Un'altra giovane artista che si occupa di Jim in quel vortice di conoscenze che è la New York dei primi seventies è Kathleen Norris[64]. I due si incontrano grazie

---

[61] Sam Shepard (5 novembre 1943). Attore, commediografo e scrittore statunitense. Ha sceneggiato, fra gli altri, il film "Zabriskie Point" di Michelangelo Antonioni.
[62] "Mapplethorpe: A Biography", scritto da Patricia Morrisroe.
[63] Dichiarazione rilasciata da Carroll agli scrittori Legs McNeil e Giliam McCain e pubblicata sul libro "Please Kill Me".
[64] Kathleen Norris (27 luglio 1947). Nota poetessa e saggista statunitense.

al sempre presente Gerald Malanga, con cui Kathleen ha avuto una breve relazione.
Scrive Kathleen Norris nella sua auto-biografia "The Virgin of Benninghton":
Eccetto una notte in cui facemmo selvaggiamente l'amore fra i cespugli di Riverside Park, le nostre serate insieme erano abbastanza innocenti. Io preparavo i popcorn e Jim si guardava i Knicks[65] alla tv. A Jim piaceva parlare e gli piaceva pure sballarsi. Non ho mai capito come riuscisse a prestare attenzione all'esatto risultato della partita mentre era in uno stato semi-comatoso, ma ogni volta che c'era qualche azione degna di nota se ne usciva dal suo stupore da drogato e commentava l'azione. Una sera in cui ero convinta che si fosse addormentato sul divano e mi avvicinai pet togliergli la sigaretta - che stava ormai quasi per bruciargli le dita - lui stancamente si destò e mi disse: "Kathy, non preoccuparti, faccio questo da anni", e si fece ancora un tiro prima di gettare via il mozzicone.

Non avevo mai conosciuto un tossicodipendente prima di allora ma Jim aveva una delicatezza che quasi mi tranquillizzò. Non si fece mai davanti a me. Credo che vedesse il mio piccolo appartamento come un rifugio in cui nascondersi da quel frenetico mondo di drogati che descrisse così vividamente in "The Basketball Diaries" e successivamente in "Forced Entries[66]".

Le droghe avevano una presa forte su di lui, in un modo che non avevo mai visto prima. Stava cercando una

---

[65] I New York Knicks sono una delle trenta squadre di pallacanestro che militano nel massimo campionato professionistico statunitense, la National Basketball Association.

[66] I successivi diari scritti da Carroll dopo "The Basketball Diaries" e pubblicati nel 1987.

strada per tagliare con l'eroina e sperava che il programma con il metadone lo liberasse da ciò che lui descriveva come "la vita da scarafaggio del tossico", sempre in lotta per trovare i soldi per la prossima dose.
Seduto sul mio letto, Jim mi raccontava spesso di quanto odiasse le cose che aveva fatto per procurarsi i soldi per la roba, tipo prostituirsi con gli uomini o derubare le persone che portavano a spasso i cani a Fort Tyron Park. Mi suonò strano sentirmi raccontare tutte queste cose. Le sue storie disgustose erano l'opposto della persona piacevole che era Jim. Era un tipo spesso di buon umore - cosa abbastanza eccezionale viste le sue condizioni - e a me sembrò pure una persona dotata di un forte senso della moralità e della lealtà. Si faceva problemi etici che persone socialmente considerate ben più rispettabili di lui non si sarebbero mai fatti.

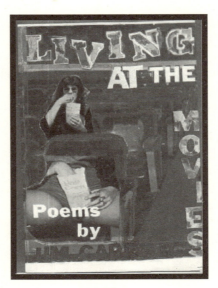

4.

Nel giugno del 1970 Jim parte per un viaggio insieme all'amico poeta Bill Berkson e alla sua ragazza di allora, Devereaux Carson. I tre, con una macchina in affitto, attraversano il paese per raggiungere la cittadina di Bolinas, nella San Francisco Bay Area. Durante il viaggio si fermano alla fattoria di Allen Ginsberg a Cherry Valley e a vedere le cascate del Niagara.
A Mount Gilead, nell'Ohio, raccolgono a bordo l'amico Jayne Nodland, che resta con loro per tutto il resto del viaggio. Ad Arroyo Hondo, nel New Mexico - dove si fermano per salutare il poeta Harris Schiff - la macchina li lascia a piedi. Affittato un nuovo mezzo nella vicina Santa Fe, raggiungono finalmente Bolinas. La descrizione del viaggio è presente nella poesia "Withdrawal Letter", presente in "Living At The Movies", che Jim pubblicherà con Grossman nel 1973.
Berkson è innamorato di Bolinas e pensa di restarci per un po', Jim invece smania per tornare a New York, dove conosce meglio pusher, droghe e blocchi della polizia. E così fa.
Carroll ancora non sa che quel paesino apparentemente trascurabile visitato in un altrettanto trascurabile viaggio nella West Coast di lì a qualche anno segnerà la sua vita.
Per il momento continua a vivere New York, spinto dalla forza di tutte le sue contraddizioni. Droga, spacciatori, strade buie e marchette. Ma anche incontri con personaggi incredibili che lo accettano come un artista dal talento innegabile.

Carroll:[67]
In un certo senso funzionava così: "Jim, dovresti uscire da questo giro e darti una ripulita". Ma molto più in generale, in astratto se vogliamo, l'intera scena dei poeti incoraggiava questo mio stile di vita. La gente sentiva come proprio questo modo di vivere in strada che avevo, dicendo cose tipo: "ti ammiro: tu hai i coglioni per vivere davvero nella maniera che descrivi nei tuoi libri..." ed era così in effetti.

Allen Ginsberg non evita mai di passare un po' di tempo con Jim quando passa da New York. Ted Berrigan è ormai un amico di vecchia data. Lou Reed è come un fratello per Carroll tanto che - quando il 23 agosto del 1970 registra lo storico show "Live at Max's Kansas City" con i Velvet Underground - Jim, insieme a Brigid Polk[68], regge il microfono per l'incisione. La sua voce si sente nitidamente fra una canzone e l'altra mentre sta chiedendo alcol e Turinal.

Il Max's Kansas City - night club e ristorante al 213 di Park Avenue South, tra la 17ª e la 18ª strada, a New York - è uno dei principali punti d'incontro per musicisti, poeti e artisti tra gli anni sessanta e settanta. Jim ci va di tanto in tanto, soprattutto per incontrare Lou o la cricca di Warhol, che al Max's è di casa.

Victor Bockris:
La prima volta che ho sentito parlare di Jim Carroll è stato nel 1972, quando Gerard Malanga mi raccomandò di pubblicare "The Basketball Diaries" per i miei tipi, la

---
[67] Dichiarazione rilasciata da Carroll a John Milward e pubblicata su Penthouse nel marzo del 1981.
[68] Brigid Berlin aka Brigid Polk (6 settembre 1939). Artista ed ennesima superstar creata da Andy Warhol. Interprete del film "Chelsea Girl".

Telegraph Books. L'ho visto per la prima volta nel 1973, portava un abito bianco, stava con la faccia verso il basso sotto al tetto del Max's di Kansas City, era circa mezzanotte. Mi ha intimorito quel tizio, ma il mio amico mi ha detto: "Oh, ecco Jim Carroll.
Una sera di agosto del 1972, proprio da Max's, Jim conosce una bella biondina. Una biondina che al momento sta vivendo i suoi "quindici minuti di celebrità", visto che è una delle superstar di Andy Warhol, con cui ha girato già due film. Lei si chiama Andrea Feldman. Il nostro è fatto come una bestia e cerca di far colpo sulla ragazza con qualche frase ad effetto. I due parlano dell'assoluto, della velocità del momento, fino a toccare argomenti riguardanti la morte. A quel punto Jim, sempre più fatto, prova a portarsela a casa ma Andrea lo frena: "No stasera no, vieni da me domani sera alle otto e sii puntuale…", quindi annota il suo indirizzo e lo passa a Carroll.
La sera dopo Jim si presenta all'appuntamento e quello che trova non è una bella scopata con la nuova star della Factory ma cinque auto della polizia, un'ambulanza e un corpo spiaccicato al suolo. Quello di Andrea. Tiene un rosario in mano. Oltre a Jim ha dato appuntamento ad altri uomini. Tutti alle otto a casa sua. Un appuntamento con la morte.
Scrive Carroll in "Forced Entries":
Immagino che mi abbia preso per un tale coglione, pieno d'amore straripante e assoluto per le mie stronzate, da volermi mostrare qualcosa di veramente assoluto: l'assoluto in azione.
Sempre nel 1972 Jim viene coinvolto in un progetto assai prestigioso. Si tratta del disco di spoken words, "The Dial-a-Poem Poets", un album che raccoglie letture di

poeti e scrittori come Allen Ginsberg, Diane Di Prima[69], William S. Burroughs, Anne Waldman, John Giorno[70], Ted Berrigan, Frank O'Hara, Bobby Seale[71] e tanti altri. Carroll partecipa all'iniziativa leggendo due estratti da "The Basketball Diaries". Il disco avrà un seguito nel 1974 con un nuovo album: "Disconnected"[72], dove Jim verrà chiamato a leggere altri estratti dai suoi diari.

All'inizio del 1973 esce per l'editore Grossman (verrà poi ristampata dall'editore Penguin nel 1981, nda), la terza raccolta di poesie di Jim intitolata "Living At The Movies" (che contiene anche le poesie edite nella precedente raccolta "4 Ups and 1 Down").

La critica poetica dell'epoca accoglie il lavoro del non ancora ventitreenne Carroll come un autentico prodigio, paragonando il nostro a una sorta di Arthur Rimbaud americano. Jim viene candidato al Premio Pulitzer, risultando il più giovane artista ad aver ricevuto tale nomination.

La raccolta è eccellente, Carroll scrive con energia e avvelenata purezza, trasformando la vita di strada in liriche profonde e bellissime. Con un linguaggio a tratti delicato, a tratti allucinato o persino minaccioso, Jim parla di amore, morte, amicizia, soffermandosi sulle dolorose eppure affascinanti esperienze con le droghe.

---

[69] Diane Di Prima (6 agosto 1934). Poetessa statunitense di origini italiane riconducibile alla beat generation.
[70] John Giorno (1936). Poeta e occasionalmente attore di origini italiane, nonché attivista nella lotta contro la discriminazione sessuale.
[71] Bobby Seale (22 ottobre 1936). Attivista politico statunitense, fra i fondatori del movimento rivoluzionario afroamericano delle Pantere Nere.
[72] Nel 1983 uscirà un terzo album, "You're a Hook: The 15 Year Anniversary of Dial-a-Poem", che racchiude il meglio dei precedenti due e in cui compare ancora una volta Jim.

Fra i personaggi illustri della scena artistica del periodo, Carroll incontra anche Bob Dylan, all'epoca già figura di culto della contro-cultura americana. L'incontro avviene ad una lettura dei versi del poeta russo Andrej Andreevic Voznesenskij[73], alla quale il nostro viene invitato da Allen Ginsberg.

Eppure, nonostante i riconoscimenti e gli attestati di stima, Jim non riesce a smettere di farsi, continua a calare di peso, si perde in notti circolari e monche, fatica a scrivere. Annaspa e, soprattutto, rischia.

Carroll:[74]

Le volte in cui sono quasi arrivato alla fine è successo quasi per caso. Per esempio una volta me la sono vista davvero brutta: un tipo mi ha puntato la pistola contro, ma era solo un cagasotto. Era nervoso e si agitava come un'isterica, quindi ho pensato che stesse per spararmi davvero. In compenso non sono mai entrato in overdose o cose del genere. Sono uscito dal tunnel dell'eroina, il che è stato un traguardo per me, ma non mi hanno mai dovuto portare all'ospedale, come altri miei amici.

La dipendenza dall'eroina di Jim peggiora e di conseguenza peggiorano i rischi e le brutte situazioni.

Carroll:[75]

Un giorno una drag queen e il suo ragazzo, sulla West Seventeenth Street, mi vendono della roba, e avevano

---

[73] Andrej Andreevič Voznesenskij (12 maggio 1933) è un poeta russo. Si fece interprete, attraverso i suoi versi, del disagio e delle passioni delle giovani generazioni. Nel 1978 fu insignito del Premio Lenin.

[74] Dichiarazione rilasciata da Carroll a Spyder Darling e pubblicata su NY Rock nel gennaio del 1999.

[75] Dichiarazione rilasciata da Carroll a John Milward e pubblicata su Penthouse nel marzo del 1981.

questi borsoni pieni di dosi di eroina da dieci dollari l'una, cazzo sembravano delle montagnette di polvere. Era proprio figo… A quanto pare non ero l'unico a pensare che fosse figo, dato che più tardi in quello stesso giorno dei tizi entrarono nell'appartamento sparando a destra e a manca, uccidendo la drag queen e un altro ragazzo che si trovava lì e aveva in mano una mazza da baseball. Questi stronzi hanno pure mandato in coma un altro ragazzo che per fortuna non è morto, dato che c'era questa tipa che viveva al primo piano e che a sua volta si era procurata la droga dalla drag queen, drag queen che io avevo disgraziatamente riaccompagnato a casa per poi scoparmela. Questa ragazza insomma, mi aveva visto mentre uscivo poco prima del fatto e in quello stesso giorno, dicendo così agli sbirri che ero stato io. Quindi gli sbirri vengono a prendermi a casa, buttano giù la porta e mi trovano mentre sono in acido e sto scrivendo sulla mia scrivania. Penso: "Cazzo, sono fottuto" finché uno degli sbirri non si mette a parlare dell'omicidio e a quel punto questa situazione kafkiana diventa un po' più chiara. Mi portano all'ospedale, dove nel mentre il terzo ragazzo, quello del coma, è in grado di dire che non ero stato io a fare tutto quel casino.

Nonostante la vita sempre più "over the edge", Jim non si placa. La scimmia vuole, anzi pretende. Così lui e un suo amico afferrano il pass ultimo per l'autodistruzione, e cioè iniziano a fregare i pusher della zona, acquistando a credito grossi quantitativi di roba senza poi saldare il conto. Il gioco si fa più che pericoloso.

Carroll:[76]

La situazione era pesante, non mi vergogno a definirla terrificante. Ma a quel tempo, impaurito o no, quando iniziavi a sentirti male ti prendeva la disperazione di chi non ha niente da perdere. E credimi, non c'è nessuno che possa venire a dirmi che quando ti senti in certe condizioni fisiche non saresti capace di fare qualunque cosa, anche violenta. Fortunatamente non ho mai ferito qualcuno e certamente non sparai o pugnalai nessuno, ma il terrore era sempre lì.

Un giorno uno dei pusher fregati da Jim e il suo amico si fa trovare sotto casa ad aspettarli. Minacciandoli li obbliga a seguirlo in casa. Quando sono nell'atrio un altro uomo sbuca fuori dall'ombra e colpisce l'amico di Jim con un colpo d'ascia sulla testa, spaccandogliela in due. Il ragazzo muore all'istante.

Carroll giura che salderà il debito e viene lasciato andare.

Il giorno dopo inizia una cura a base di metadone per disintossicarsi.

Carroll:[77]

Quando ti disintossichi senti brividi di caldo e freddo salirti dall'inguine fino alla testa. Tremi, e devi metterti una coperta per calmare gli spasmi, e poi starnutisci continuamente. Dicono che tutte le funzioni del corpo si fermino quando si starnutisce, così pensai che stavo attraversando un principio di morte che però riportava immediatamente alla vita.

---

[76] Dichiarazione rilasciata da Carroll a John Milward e pubblicata su Penthouse nel marzo del 1981.
[77] Dichiarazione rilasciata da Carroll a John Milward e pubblicata su Penthouse nel marzo del 1981.

Hai la sensazione che la testa non sia attaccata al corpo... Sei incredibilmente debole ma non riesci a dormire. Esplosioni di luce nella tua testa quando chiudi gli occhi e non c'è modo di distrarsi quando il tempo va così lento e un minuto sembra durare un'ora. Poi inizi a razionalizzare e ti dici cose tipo: "Sono troppo incasinato, ora mi vado a fare un po' per stare meglio e riprendo la cura lentamente".
Quindi cominci ad osservare gli ascessi che hai nel corpo, come quelli che ho io sul dorso della mano. I suoni si fanno rumorosi e le luci accecanti: è come se ogni cosa stesse cospirando per farti sentire una merda.
La cura con il metadone di New York City non è adatta a Jim, troppo dura e veloce. Carroll non è Keith Richards, che può permettersi di andare regolarmente in Svizzera a farsi ripulire il sangue, e poi la Grande Mela gli offre troppe possibilità di cedere a continue ricadute.
Per questo, nel 1973, accetta l'invito di alcuni amici, fra cui la poetessa Anne Waldman, e si trasferisce a Bolinas, nella San Francisco Bay Area: la cittadina che aveva visitato qualche anno prima con Bill Berkson nel frattempo è diventata una vera colonia di poeti e artisti.
Kathleen Norris:
Quando seppi che Jim aveva lasciato New York mi convinsi che questo gli avrebbe salvato la vita; certamente le droghe avrebbero finito per ucciderlo se fosse rimasto...
Lasciare le strade e le tentazioni della Grande Mela sembra la scelta più logica per Carroll, che entra in un programma di riabilitazione in California. Lo aiuta, come sempre, Bill Berkson, che si trasferisce per un periodo con lui a Bolinas mettendogli a disposizione il suo appartamento e accompagnandolo ogni mattina nella vicina San Rafael per la dose giornaliera di metadone.

Qualche mese dopo Jim trasloca da solo in un piccolo cottage in campagna e si prende un cane spelacchiato che chiama *Jo'mama*.

Carroll:[78]

C'erano certi miei amici, tra cui Anne Waldman, che cercavano di continuo di farmi uscire dal tunnel. Il giro dei drogati veniva più che altro dal giro di Warhol, quella gente lì insomma. Eravamo proprio tutti quanti molto impegnati a distruggerci con le nostre mani. In California i programmi di recupero servono davvero a qualcosa. Mi hanno reso così tranquillo e... lento. Mi hanno aiutato davvero tanto. In quel periodo ho avuto un cane per la prima volta nella mia vita. Quel cane è stato il motivo principale per il quale ho mollato l'eroina. Insomma, quando piangevo in preda a una crisi d'astinenza lui se ne accorgeva e veniva lì e cominciava a leccarmi.

La California offre un programma di recupero diverso rispetto a New York, con dosi di metadone più leggere e scalate in un tempo più lungo.

Carroll:[79]

Il passo finale da fare per smettere di farsi è avere l'opportunità di cambiare aria, capendo che non si può più andare avanti in quel modo. Ad ovest mi annoiavo abbastanza, ma sono riuscito a rigirare questa noia e usarla bene. Non c'era gente in giro, solo cani, e questo mi piaceva molto, mi piaceva la vita che stavo conducendo: non avevo più bisogno di droga.

---

[78] Dichiarazione rilasciata da Carroll a Laura Fissinger e pubblicata su Musician, Player and Listener nel febbraio del 1981.

[79] Dichiarazione rilasciata da Carroll a John Milward e pubblicata su Penthouse nel marzo del 1981.

Decisi che ci sarebbero stati dei vantaggi nello smettere di usare l'eroina: vedere le cose da una prospettiva completamente nuova, con una nuova coscienza.
Era proprio così: e poi se la cosa non mi avesse soddisfatto sarei sempre potuto tornare all'eroina. Ciò che mi ha aiutato è stata l'idea che comunque non puoi più tornare a casa. Puoi risalire il fiume e impazzire, come Kurtz[80], o ripescare il Titanic dal fondo dell'oceano, o andare a San Francisco e entrare nel mondo del rock'n'roll. Ma l'unico momento in cui senti davvero di avere il cuore libero è quando sei giovane, per la strada, perché solo allora eri selvaggio, libero e assassino. Ma d'un tratto ho sentito molto distacco e la sola cosa che mi faceva andare avanti era il mio lavoro.

A Bolinas Jim trascorre le giornate curando il giardino, leggendo, scrivendo, facendo lunghe passeggiate e cenando davanti alla tv. Alla fine, nel suo piccolo cottage i cani diventano tre. Sin da bambino era stato attirato dai cani e portava a casa tutti i randagi che trovava per le strade di New York. Randagi che poi i suoi cacciavano regolarmente fuori di casa.

La televisione, qualche telefonata con Patti e il Village Voice sono gli unici contatti di Jim con il mondo esterno.

---

[80] Il folle militare interpretato dall'attore Marlon Brando nel film "Apocalypse Now" (liberamente ispirato al libro "Cuore di Tenebra" di Joseph Conrad) di Francis Ford Coppola. Nel film Kurtz, ex ufficiale modello e prossimo al grado di generale, presumibilmente impazzito, diserta e va a comandare una legione di truppe-sudditi nella foresta della neutrale Cambogia durante gli anni della guerra in Vietnam.

Carroll:[81]
Ho trascorso i miei primi quattro anni a Bolinas praticamente come un recluso. Per la prima volta in vita mia stavo imparando a farmi piacere la noia. Il momento più eccitante della giornata era quando scendevo all'ufficio postale per ritirare la mia posta.

Nel 1976, a un party hippy tenuto in un giardino a Bolinas, Jim incontra una ragazza di San Francisco. Lei si chiama Mary Greer e i due si piacciono subito. Si rincontrano qualche mese più tardi a casa di amici comuni e iniziano a frequentarsi. Jim sta traslocando dall'abitazione in affitto a Bolinas in una piccola fattoria in fondo a Mesa Road; anche Mary di lì a poco deve lasciare il proprio appartamento a San Francisco e Jim la invita a stare da lui.

Prima della proposta, però, Carroll confessa a Mary di essere un ex tossicodipendente sotto metadone ma che è determinato a superare la sua dipedenza, anche se gradualmente, dal momento che in passato aveva provato a smettere con l'eroina tutto d'un colpo - a New York - e ci era ricaduto. Jim aggiunge che l'unico modo per ripulirsi è allontanarsi da chiunque abbia conosciuto quando si faceva.

Mary Greer:
Principalmente, mi ricordo lunghe passeggiate sulla Mesa con Jim e il suo cane, Jo'mama. Portava con sé un taccuino, così da appuntarsi immagini e frasi che gli venivano in mente ovunque si trovasse. Una volta alla settimana gli davo un passaggio sulla collina per Mill Valley, che era sulla mia strada per andare a lavoro a San Francisco, così poteva rifornirsi della dose di metadone. Più tardi raccontava storie a colazione alla Pancake House. A volte le sue storie, che

---

[81] Dichiarazione tratta da "Jim Carroll: An Annotated, Selective, Primary and Secondary Bibliography, 1967-1988", a cura di Cassie Carter.

potevano anche parlare di quanto amasse l'ago e di come ci si sentiva esattamente a farsi, o a trovare un cadavere al parco, erano raccontate a volume un po' troppo altro e altri avventori, lì con le famiglie, gli chiedevano di abbassare la voce o di andarsene. Aveva la sorprendente abilità di trasformare una storia sull'essere ad una cena elegante e addormentarsi su un piatto di spaghetti in qualcosa di allo stesso tempo divertente e imbarazzante - il suo senso di colpa cattolico in conflitto con l'orgoglio per aver infranto le convenzioni della società facendo qualcosa di oltraggioso.

Restava alzato fino a molto tardi le notti in cui assumeva la sua dose di metadone (ne davano sempre un po' di più alla clinica). Guardava la tv e scriveva delle immagini che gli venivano in mente. E poi fumava sigarette, facendole consumare fino al punto in cui arrivavano a bruciargli le dita e a svegliarlo, in modo che potesse catturare le immagini dal suo stato ipnotico. A volte faceva deliberatamente la stessa cosa a letto, finché tutte le nostre lenzuola non furono ricoperte di bruciature di sigaretta.

Cercavo di convincere Jim ad andare allo Smiley's Bar a ballare o per eventi comunitari, ma lo faceva raramente - escluso qualche occasionale reading di poesia. Preferiva la sua vita tranquilla, quindi io uscivo da sola. Un po' di amiche di New York ogni tanto venivano a Bolinas, e si fermavano a trovarci. Una rimase per un po' di tempo in un capanno coperto con teli di plastica e attaccato al retro della fattoria, fino a che non venne troppo freddo.

Patti Smith telefonava ogni settimana o due, tenendo vivo uno dei pochi canali di connessione di Jim con la vecchia vita di New York.

Jim stava apportando alcune revisioni finali a "The Basketball Diaries". Dopo qualche mese mi trasferii in una casetta separata dietro la casa principale per dare sia a me che a lui i nostri spazi.

Lui era un paradosso: sia timido che confidenziale, calmo e chiacchierone, cinico e fiducioso, e sempre sorprendentemente profondo. Ammetteva, senza incertezze, di aver fatto un sacco di cose stupide e anche dolorose, e ciononostante era una delle persone più gentili che io abbia mai conosciuto, e lo mortificava il pensiero di ferire qualcuno. Odiava quando la gente gli chiedeva di commentare le poesie altrui perché non poteva sopportare il pensiero di far loro del male o scoraggiarli. Lui e Jo'mama si adoravano a vicenda ed erano inseparabili. All'epoca era così bello da portarmi via il respiro. Nulla poteva seccarlo più di tanto finché poteva rifugiarsi nel suo mondo e lasciare gli altri ai propri... Si arrabbiò con me solo una volta, quando gli comprai una piccola tv a colori per rimpiazzare la sua minuscola in bianco e nero, che diceva di preferire. È come se desiderasse una vita totalmente minimale - per essere pulito all'interno come lo era all'esterno.

Jim a Bolinas nel 1976 (© Mary Greer)

Una coppia trasloca nella casa accanto a quella di Jim e la Geer. La ragazza si chiama Rosemary Klemfuss, è una bellissima bionda che resta spesso in casa perché sta recuperando da un terribile incidente con la moto. Una gamba le è rimasta più corta di un paio di pollici rispetto all'altra - come risultato dell'intervento di chirurgia che le ha salvato la vita - e zoppica vistosamente. Rosemary si è trasferita nella Bay Area per fare sessioni di ginnastica riabilitativa privata con Moshé Feldenkrais[82], che passa di lì due volte all'anno. Inoltre deve aspettare i soldi della causa sull'incidente per iscriversi alla Scuola di Legge. I nuovi vicini di casa non hanno né vasca né doccia in bagno, e spesso usano quella di Jim e Mary.

Ben presto Rosemary e il tipo con cui vive si lasciano. Lui se ne va e lei resta nell'appartamento dove, per superare la tristezza del momento difficile, ascolta a ripetizione il disco "Horses" di Patti Smith, che nel frattempo ha intrapreso la strada del rock e sta spopolando in tutta l'America. Naturalmente non sa che il suo vicino non solo è l'ex fidanzato della Smith, ma anche colui che l'ha incoraggiata a scrivere versi. Curiosità e coincidenze della vita.

Jim si rende conto di essere attratto da Rosemary una notte, mentre è seduto in cortile con i cani. Lei sta guardando la luna e per il nostro è un'autentica visione.

---

[82] Moshé Feldenkrais (6 maggio 1904 - 1º luglio 1984). Fisico e ingegnere israeliano naturalizzato britannico, creatore del metodo omonimo. In seguito a una lesione a un ginocchio, le sue conoscenze in fisica, cibernetica e biomeccanica, oltre a studi sulla neurofisiologia, lo stimolarono a sviluppare un metodo sperimentale di auto-educazione attraverso il movimento.

Carroll:[83]

Era lì, sotto la luna, con quella specie di toga bianca che mi ha fatto salire i brividi lungo la spina dorsale. Quella era la mia visione della Madonna o, se non altro della più bella delle sante, che veniva a portarmi oltre le colline, verso San Francisco, dall'isolamento al rock'n'roll.

Quando i due si conoscono Rosemary, oltre ad aspettare di iniziare a studiare per diventare avvocato, lavora come deejay nella radio del college. È un'appassionata di rock e fa conoscere a Jim le prime seminali band punk e new wave.

Tutti i giorni, dopo aver raggiunto il centro di riabilitazione per prendere la dose quotidiana di metadone, Carroll è solito fermarsi alla missione di San Rafael e trascorrere qualche momento in pace, a riflettere.

Una mattina, nel silenzio della cappella, ha una folgorazione.

Carroll:[84]

Guardai la croce e tutte quelle robe e pensai che Lui era come un punk rock. Cosa c'è di più punk rock della Via Crucis, dove un ragazzo viene frustato e deve portare in testa una corona di spine e lo mettono in un lenzuolo e ci lascia la sua immagine, poi lo crocifiggono e risorge dopo tre giorni? Sto dicendo questo in un senso assolutamente positivo. Pensare a questo mi ha dato un forte senso di beatitudine. Penso al sangue come a una metafora della vita, il sangue di Cristo come una metafora di una specie di balsamo omeopatico per la

---

[83] Dichiarazione rilasciata da Carroll a John Milward e pubblicata su Penthouse nel marzo del 1981.
[84] Dichiarazione rilasciata da Carroll a Jerry Stahl e pubblicata su The Paper nel dicembre del 1998.

redenzione... è qualcosa che mi ha sempre affascinato, sin da quando ero giovane.
Intanto Jim si convince a pubblicare in forma di libro i vari passaggi di "The Basketball Diaries", di cui fino ad ora sono solo apparsi stralci in alcune riviste. Si accorda con Michael Wolfe, proprietario della piccola casa editrice Tombouctou di Bolinas (successivamente i diritti del libro verranno acquistati dalla Bantam di New York e poi dalla Penguin, nda), che fa uscire la prima edizione del romanzo nel 1978. Sarà un successo che venderà una vagonata di copie.
Carroll:[85]
Quando l'ho scritto non pensavo neanche che sarebbe mai stato pubblicato. Non l'ho scritto come un "caro diario", l'ho scritto pensando a un pubblico, ma non come poi è successo nella realtà. Mi rivolgo a un pubblico, nel libro è ben chiaro in certi passaggi. Ma non avevo pensato di pubblicarlo, poi mi sono dato alla poesia e infatti l'ho messo da parte.
Dopo c'è stata la pubblicazione su quella rivista letteraria (Paris Review, nda)*: mi hanno chiesto se avessi qualche brano in prosa da presentare e far pubblicare. Avevo 17 o 18 anni e dissi loro: "Sì, ho questo diario personale, è una specie di diario da campeggio". Mi ricordo Ted Berrigan, grande poeta e mio personale mentore al tempo, un fratellone, che mi disse: "Con questo libro ti coprirai d'oro, ragazzo".*
Quelli del Paris Review l'hanno letto e mi hanno detto: "Dovresti mandarcene una trentina di pagine".

---

[85] Dichiarazione rilasciata da Carroll a Suzan Alteri e pubblicata su Real Detroit Weekly il 13 gennaio del 2000.

Così quando hanno pubblicato gli estratti ho ricevuto tutte queste lettere dagli editori, gente che voleva pubblicarlo e così via. Ma non l'ho pubblicato, non pensavo che fosse il momento giusto per farlo. Era il 1970 e non era proprio un libro fricchettone o hippie.

Quando ho iniziato a fare musica mi sono tornati in mente i Diaries; ero nel periodo di reclusione in California da un paio d'anni e non pensavo da tempo a pubblicare nulla. Ho realizzato che se i Ramones stavano scrivendo canzoni su gente che sniffava colla e io parlavo delle stesse cose nel mio libro, allora il mio libro era molto più vicino a un pubblico punk. Così ho aspettato un po', fino a quel momento. Sono stato bravo a calcolare i tempi.

In copertina c'è una foto di Jim in canottiera, scattata proprio da Rosemary, mentre sul retro compaiono brevi ed entusiastici commenti di Burroughs, Kerouac, Patti Smith e della rivista Rolling Stone. All'interno ci sono disegni dell'artista Marc Blane (aka Mark Clutcher nei diari, nda).

Apre il libro una prefazione dello scrittore Tom Clark[86], intitolata "Rimbaud Rambles On: By Way of a Preface to The Diaries".

Carroll:[87]

I diari coprono il periodo fra i tredici e i sedici anni. Non erano scritti quotidianamente. Puoi prendere il libro e iniziarlo dove vuoi. Scrivevo soltanto nei giorni in cui capitava qualcosa di abbastanza interessante da meritare

---

[86] Tom Clark (1 marzo 1941). Poeta, scrittore, biografo ed editore americano. Per un periodo diresse la rivista Paris Review.

[87] Dichiarazione rilasciata da Carroll a Suzan Alteri e pubblicata su Real Detroit Weekly il 13 gennaio del 2000.

di essere scritta. Ciascun passo è come una storia breve, che si può separare dalle altre.
Considero i Basketball Diaries un grande strumento contro la "non lettura", perché tanti ragazzi mi hanno confidato che è stato il primo libro che abbiano mai letto... Ha riportanto parecchia gente alla lettura perché puoi prenderlo dalla casa di qualcuno e leggerne qualche passo, è composto da storie brevi che puoi leggere rapidamente. Quando il libro è uscito con la Bantam, l'editore fece un sondaggio e scoprì che per ogni copia venduta del libro ben sette persone lo avevano letto. Quando mi capita di fare degli incontri per firmare autografi sui libri c'è sempre gente che mi dice: "puoi scrivere per tizio e caio, sai, questa copia l'ho rubata e l'unico modo per tornare amici è che gli porti una copia del libro col tuo autografo".
Pare sia anche uno dei libri più rubati. Me l'hanno detto i ragazzi di Barnes e Noble. Insieme ai libri di Bukowski, Burroughs e Kerouac. Oggi il libro è pure nei corsi di studio di parecchi college.

Poco prima della pubblicazione del libro, Jim e Rosemary si mettono insieme.

Mary Greer:
Mi ero trasferita nell'altra casa della proprietà e passavo un sacco di tempo nel college dove insegnavo a San Francisco. I Basketball Diaries stavano per essere pubblicati e Jim aveva bisogno di una foto per la copertina. Mi chiese di scattargliela. Sia io che Rosemary eravamo state ad un corso di fotografia locale e usavamo la loro camera oscura. Scattai un paio di foto ma, anche prima di svilupparle, sapevo che non erano quelle giuste. Mi ero accorta della crescente attrazione e tensione tra loro due, e Jim alla fine mi confessò i suoi

sentimenti per lei. Quindi suggerii anche a Rosemary di fare un paio di foto. Credo che fu quel servizio fotografico la svolta che diede loro l'occasione di ammettere i sentimenti che provavano l'uno per l'altro. E fu la foto di Rosemary che, giustamente, finì sulla copertina del libro.
Nonostante tutti noi vivessimo come poveri hippies avevamo la sensazione che fosse solo una pausa temporanea in un magico mondo alternativo, e poi ciascuno di noi sarebbe ritornato sui sentieri che eravamo realmente intenzionati a percorrere. La leggenda vuole che Bolinas fosse un centro di salute dei nativi americani ma che quell'energia fosse così forte che se restavi lì più a lungo di tre giorni diventavi pazzo. Posso confermarlo, è vero.

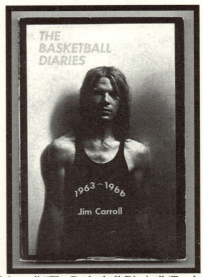

La prima edizione di "The Basketball Diaries" (Tombouctou, 1978)

5.

A ventotto anni Jim è un acclamato poeta e scrittore. Ha pubblicato tre raccolte di poesia, lavorato alla Factory di Andy Wharol, conosciuto e collaborato con i principali artisti della Beat Generation. È amico di Ginsberg, Burroughs e tutti gli altri famosi poeti d'America. È amico pure di celebri rocker come Lou Reed.
"The Basketball Diaries", asciutto resoconto della precocissima iniziazione di Jim all'eroina e alla prostituzione, è diventato un autentico best seller negli Stati Uniti. Ex promessa del basket, poeta, scrittore, tossicomane e bellissimo: questo è stato fino ad ora Jim Carroll.
Ma il rock cosa c'entra? C'entra, eccome se c'entra. Jim ha un'amica in quegli anni, un'amica di vecchia data. Un'amica che in principio è stata un'amante, ricordate? Un'amica che gli ha aperto la porta di casa e passato parecchi spiccioli negli anni dell'eroina. Un'amica che lo copriva e gli faceva da mamma, mentre il nostro girava per New York come un'ombra schiacciata fra i grattacieli.
Un'amica, dicevamo, che lo aiuta, protegge e stimola. Un'amica che, come lui, scrive versi e in più li farcisce con graffianti chitarre elettriche. Un'amica che sfonda, sfonda come nuova artefice della commistione fra rock e poesia. Questa amica si chiama Patti Smith e in quegli anni non è più la commessa di una libreria alle prese con i primi versi ma è diventata la nuova voce del punk rock americano impegnato. Carroll:[88]

Patti stava appena iniziando a mettere su la sua band quando ho lasciato New York. Ho visto i suoi primi

---

[88] Dichiarazione rilasciata da Carroll a Suzan Alteri e pubblicata su Real Detroit Weekly il 13 gennaio del 2000.

concerti e ho pensato: "Sì, il palco e il gruppo rock sono il suo habitat ideale". Dato che siamo anche stati assieme, ho sempre saputo che Patti aveva questa lunaticità, dalla grande dolcezza sino alla rabbia più disperata, per cui ho sempre saputo che aveva questo enorme potenziale artistico, sin dal suo primo reading l'ho saputo.

Le sue poesie, per me, erano meglio se accompagnate con della musica che non se restavano lì sulla pagina. Credo che abbia scritto delle poesie stupende, uniche davvero. Soprattutto quando ancora non aveva un batterista: erano solo lei, Lenny Kaye[89] alla chitarra e Richard Sole alla tastiera.

Il mio unico collegamento col mondo esterno, quando ero in California, era leggere The Village Voice. In circa tre anni stava accadendo di tutto al CBGB's[90], al Mercer Arts Center e tutta quella roba lì, e Patti stava diventando una star di livello mondiale, voglio dire, tutto questo mi ha sorpreso da un punto di vista ma da un altro no. Lei era fatta per il rock'n'roll e il rock'n'roll era fatto per lei.

Nel 1978 Patti è in tour con la sua band in California. I due vecchi amici si ritrovano e la Smith chiede a Carroll di accompagnarla ad uno show che deve tenere a San Diego. Su insistenza della rocker, Jim appare on stage

---

[89] Lenny Kaye (27 dicembre 1946). Scrittore, compositore e chitarrista newyorkese.

[90] Rock club situato nel Lower East Side di Manhattan. È universalmente riconosciuto come punto di riferimento e luogo di nascita del punk americano e in particolare del New York Punk. Il locale ha chiuso i battenti dopo 33 anni di attività il 30 settembre 2006.

durante il concerto. Patti lo presenta come "il tipo che mi ha insegnato a scrivere poesie".
Carroll:[91]

Quando feci lo show con Patti compresi che potevo farcela. Fu incredibilmente divertente, intenso, spaventoso e bellissimo allo stesso tempo... pensai fosse una naturale estensione del mio lavoro. Qualunque poeta, mettendo da parte il rispetto per il proprio pubblico, potrebbe diventare una rockstar.

Jim legge/rappa alcuni versi mentre il Patti Smith Group lo accompagna con la musica.
Il risultato è sorprendente. La voce di Jim, ora cupa, ora suadente, ora stridula come l'urlo rabbioso del punk contemporaneo, ha un impatto devastante. Poi si scopre che il ragazzo sa pure cantare. E allora è un attimo. Un attimo pensare di mettere su una band e trasformare quelle allucinate poesie in canzoni.
Tuttavia Jim all'inizio ha paura. Non è convinto, nonostante la forza ancestrale del rock lo attiri.
Scrive in "Forced Entries":

...Rabbrividisco, avverto letteralmente una mano aperta manovrarmi l'intestino, un armadillo irsuto nella pancia, al pensiero di affrontare un pubblico rock sotto il peso della mia sfiducia e delle mie limitazioni... Ciononostante mi piacerebbe vedere la fama per capirla. Mi piacerebbe tenerla nelle mani per un po' come un bambino piccolo con un gomitolo... Per disfarlo e scoprire quello che credo di sapere già, che al centro non c'è niente. Allora potrei lasciare perdere e andarmene a

---

[91] Dichiarazione tratta da "Jim Carroll: An Annotated, Selective, Primary and Secondary Bibliography, 1967-1988", a cura di Cassie Carter.

carponi. Ma temo che non sarebbe così facile... allontanarsi abbastanza quando si è in ginocchio.
Alla fine Carroll decide di tentare la carta della rock, spinto anche da Rosemary.
Sorprendentemente Jim non cita altre rockstar come fonti d'ispirazione per la nascente carriera musicale ma due scrittori: Henry Miller e Artur Rimbaud.
Carroll:[92]
Lo studio di Miller e di Rimbaud, che in realtà è uno studio di Miller, è stato ciò che più di ogni altra cosa mi ha spinto verso il rock. Tutta la questione del tirare fuori il cuore, l'anima di ciò che si fa e non solo l'aspetto intellettuale o presunto tale. Un bravo poeta lavora su entrambe le cose. Miller parla di registro interiore e di come un grande poeta debba colpire tanto un non letterato quanto un letterato... a quel punto mi sono reso conto di quanti poeti oggigiorno scrivano solo per altri poeti. Poesia minimale intellettuale... credo che il rock possa colpire il cuore e l'intelletto, come il vento in faccia o un pugno sotto al mento.
Il progetto prevede la formazione di una vera e propria band. Il gruppo scelto da Jim per accompagnarlo si chiama Amsterdam e ne fanno parte Brian Linsley e Terrell Winn alle chitarre, Steve Linsley al basso e Wayne Woods alla batteria.
Il nome Amsterdam è dovuto al fatto che la band si è formata qualche anno prima proprio nella capitale olandese, grazie all'incontro fra Terrell, Brian e Wayne con il bassista tedesco Frank Meier. Frank lascia poco

---

[92] Dichiarazione tratta da "Jim Carroll: An Annotated, Selective, Primary and Secondary Bibliography, 1967-1988", a cura di Cassie Carter.

dopo e arriva a sostituirlo Steve Linsley. Il gruppo vive a Bolinas, dove Brian ha una grossa abitazione che mette a disposizione per le prove della band. La casa è proprio vicino a dove sta Jim.

Wayne Woods:

Lo vidi e lo sentii vicino a casa per un periodo prima di incontrarlo. Dico sentii perché lui aveva il più marcato accento newyorkese che avessi mai ascoltato. A me e alla mia ragazza piaceva camminare per la città la notte e spesso incontravamo Jim che portava fuori il suo piccolo e malandato cane. Potevi sentirlo che diceva: "Andiamo Jo'mama" e sapevamo che era lui senza bisogno di vederlo.

Allora non avevamo idea di chi fosse Jim Carroll.

Un giorno si fece vedere a casa di Brian mentre stavamo provando al piano di sotto. Ne veniva dalla famosa performance con Patti Smith a San Diego.

Era stato contagiato dal virus della musica. Voleva mettere su una band... e noi eravamo lì... ed eravamo bravi e così era lui.

Penso che ciascuno di noi avesse la pelle d'oca in quella prima jam... Non penso che qualcuno abbia mai dubitato del fatto che quello che creammo fu più grande della somma delle parti coinvolte... Jim aveva una naturale abilità per il tempo, la spontaneità e un'assoluta e incredibile intensità. Era fottutamente grande e noi eravamo un accompagnamento perfetto.

Jim convince i membri del gruppo a modificare il proprio look da hippy con i capelli lunghi a qualcosa di più vicino all'attitudine punk e stradaiola.

Carroll:[93]
Non volevo un look costruito, volevo che sembrassero benzinai alla stazione di servizio. Volevo ragazzi dal rock pesante e chitarristi caldi.
Wayne Woods:
Tutti noi cambiammo la nostra immagine passando da hippy rocker a punk, seguendo il messaggio della nostra musica. Solo Terrell mantenne alcune ciocche tipo mini dredlocks che Jim definì "stronzi di gatto".
Il gruppo si ribattezza Jim Carroll Band per sfruttare commercialmente la popolarità del talentuoso poeta/cantante.
Steve Linsley:
Per essere una persona del genio, del talento e della capacità di compresione che aveva, Jim era anche sorprendentemente generoso. Quando ero molto giovane, i primi giorni della band, ero colpito dalle interviste di Jim, in cui lui diceva sempre alla gente: "Create la vostra personale arte, create la vostra visione". Gli piaceva che la gente riversasse le proprie esperienze nelle parole e nella musica. Era un maestro in molti modi. Mi ha insegnato come leggere e come scrivere. Il fatto che io oggi sia un artista è dovuto alla cura e all'insegnamento di Jim.
La nuova formazione si esibisce in diversi show nella San Francisco Bay Area e gli esiti sono eccellenti. Jim si trasferisce a casa di Wayne e della sua ragazza, Suzanne Del Regno.

---

[93] Dichiarazione rilasciata da Carroll a Laura Fissinger e pubblicata su Musician, Player and Listener nel febbraio del 1981.

Il primo concerto si tiene a Rodeo City, una piccola cittadina per lo più abitata da bovari.
Appena salito sul palco, Carroll si volta verso i compagni di band e dice: "Ehi, facciamo quella canzone che abbiamo provato l'altro giorno... Dead Heat".
Wayne, Brian, Terrel e Steve sono perplessi. Hanno provato la canzone poche volte ed esprimo le loro preoccupazioni a Jim che, imperturbabile, risponde: "Siete musicisti, e allora suoniamo e basta!".
Wayne:
Il fatto che lui non fosse un musicista portò alcune rivelazioni nel nostro modo di pensare... In quel primo gig, dopo la richiesta di Jim, ci guardammo l'uno con l'altro e più o meno ci dicemmo: "Saltiamo su questo cavallo selvaggio e vediamo che succede".

Fu PERFETTO, fu MAGICO, fu PURO! Suonammo dal cuore... e tutti eravamo perfettamente in sintonia. Camminammo su una corda tesa. Un vero capolavoro. Quando finì ci guardammo semplicemente l'un l'altro con espressioni stupefatte, tipo "Che cazzo è appena successo?". Fu un momento davvero magico. Eravamo spacciati! Lo sapevamo tutti.

Il 15 settembre del 1978 Jim e Rosemary si sposano. Lui le chiede la mano dopo averle regalato dei fiori dal gambo lungo custoditi dentro un'affusolata bottiglia di vetro.
I due partono in macchina, di notte, e attraversano il deserto fino a Reno, dove celebrano il matrimonio alle prime luci dell'alba presso la Chapel of Promises. Al momento del sì, Jim chiude gli occhi e bacia la sposa. La cerimonia costa appena trentacinque dollari e comprende pure una cassetta con la registrazione delle nozze.

La canzone scelta dai due come sottofondo è "You Light Up My Life" di Debby Boone[94].

Nel 1979 la coppia si trasferisce prima in Colorado e poi a San Francisco.

Mary Greer:

Poco tempo dopo che Rosemary e Jim si misero insieme, prendemmo tutti strade diverse. Io tornai a San Francisco, Rosemary prima andò alla Scuola di Legge in Colorado e Jim la seguì lì, ma poi fu accettata all'ultimo minuto a Stanford e si sposarono più o meno in quel periodo. Li rividi circa un anno dopo a Palo Alto in casa di un professore della Scuola di Legge del college dove insegnavo. Jim parlò di fare un pezzo con Patti Smith e della possibilità di un contratto per la registrazione di un album. Rosemary ovviamente sarebbe stata il suo manager per le questioni legali. Non rimasi in contatto con loro dopo questo, dal momento che ci fu una svolta nella mia vita con una nuova relazione, e vissi un anno in Messico, dove è nata mia figlia.

Nonostante Jim sia ormai uno scrittore affermato e abbia intrapreso anche la strada del rock, le sue condizioni non sono del tutto buone. Smettere con l'eroina è più difficile del previsto, spesso capita qualche ricaduta, e il metadone, che il nostro continua a prendere tutte le mattine, non può andare avanti per sempre.

In quegli anni belli ma comunque duri, Carroll stringe amicizia con Ginger Coyote, una giovane scrittrice, musicista punk californiana e fondatrice della rivista Punk Globe Magazine.

---

[94] Deborah Ann Boone (22 settembre 1956). Cantante e attrice di teatro americana. La sua hit, "You Ligh Up My Life", uscita nel 1977, restò in testa alla top 100 di Billboard per dieci settimane consecutive.

I due diventano amici stretti, trascorrendo parecchio tempo insieme.

Ginger:

Se la memoria non mi inganna ho incontrato Jim nel 1979, si era appena trasferito a San Francisco. Quando ci incontrammo lui era ancora debole riguardo alla droga. Ricordo che era un tipo molto timido e tranquillo... io ero un po' più estroversa e lo feci ridere. Lui era diffidente nei confronti della gente in quel periodo... ma capì presto che poteva fidarsi di me e diventammo molto intimi. Sentiva che con me poteva parlare apertamente, e poi lo facevo ridere e a lui questo piaceva.

Eravamo due spiriti affini e sentivo che lui si fidava veramente di me. Poi eravamo entambi coinvolti nella musica punk. Spesso ci vedevamo per un caffè e passavamo tutto il giorno a parlare, e alla sera ci piaceva andare a sdraiarci ai Mabuhay Gardens. Alle feste andavamo quando i bar erano ormai chiusi.

Una notte andammo da Michael Cotton (The Tubes[95]) e ci rilassammo con Tina Weymouth[96] e Chris Frantz[97] dei Talking Heads. Jim era molto protettivo nei miei confronti, mi diceva sempre di stare alla larga dall'eroina, di non farmi agganciare. Era molto carino.

---

[95] Punk band della San Francisco Bay Area. Noti per le loro folli esibizioni live in cui mischiavano sesso e feroce satira politica. Michael Cotton - tastierista - fu tra i fondatori della band.

[96] Martina Michèle "Tina" Weymouth (22 novembre 1950). Bassista dei Talking Heads e moglie di Chris Frantz.

[97] Charlton Christopher "Chris" Frantz (8 maggio 1951). Batterista, compositore e produttore discografico statunitense, noto per aver militato nel gruppo dei Talking Heads.

THE EIGHTIES

Mary took a dry dive from a hotel room
Bobby hung himself from a cell in the tombs
Judy jumped in front of a subway train
Eddie got slit in the jugular vein
And Eddie, I miss you more than all the others,
And I salute you brother/ This song is for you my brother[98]

Jim Carroll
Tratto dalla canzone "People Who Died" (1980)

---

[98] Mary fece un volo da una camera d'albergo/ Tommy si impiccò alle sbarre di una cella/ Judy saltò dritta davanti ad un vagone della metropolitana/ Eddie fu accoltellato alla giugulare/ e Eddie, mi manchi più di tutti gli altri/ e ti saluto fratello, e questa canzone è per te, fratello...

6.

La Jim Carroll Band registra un demo che Jim porta con sé quando, nei primi mesi del 1980, torna a New York per firmare il contratto con un nuovo editore (Bantam, nda) per la ri-pubblicazione di "The Basketball Diaries".
Carroll si avvicina prima alla Columbia, su segnalazione dell'amico musicista Alan Lanier e poi all'Arista, grazie alla mediazione di Patti Smith.
Il demo finisce quindi nelle mani di Earl McGrath, presidente della Rolling Stones Records.
"Questo è davvero qualcosa di diverso" è il commento di McGrath.
Qualche giorno più tardi il demo viene fatto ascoltare a Keith Richards, che dichiara: "Cazzo, se Mick mi desse un po' di buona merda come questa…".
Carroll:[99]
Earl aveva sentito che avevo una band e volle ascoltare la registrazione. Sapeva cosa facevo, aveva frequentato la scena dei poeti e degli artisti. La registrazione gli piacque e stipulammo un contratto. Sono sicuro che lui capisse cosa stavo facendo. Sarebbe stato molto difficile trovare un altro boss di una casa discografica così colto e lettarato.
Il cerchio si chiude e la Jim Carroll Band finisce sotto contratto con la Rolling Stones Records, che in quel periodo sta producendo i dischi del grande Peter Tosh.
Dice Keith Richards, a proposito di Jim, nel 1980:[100]

---

[99] Dichiarazione rilasciata da Carroll a Laura Fissinger e pubblicata su Musician, Player and Listener nel febbraio del 1981.
[100] Dichiarazione rilasciata da Richards per il libro "Keith Richards: The Biography" di Victor Bockris (Dal Capo Press).

Lui è bravo e sta crescendo molto. Ha scritto l'album un paio d'anni fa e quando l'ho ascoltato gli ho detto: "Dovresti farti prima un anno a suonare in giro per i locali e pensarci su ancora un po'". L'ha fatto e ha ripreso a lavorare all'album successivamente e ne è uscito un bel disco. Lui usa la sua voce un po' come Lou Reed, un mezzo parlato, e poi ha scritto un paio di libri prima di iniziare a fare canzoni, quindi i suoi testi sono davvero buoni.

Alla fine la Rolling Stones Records e Earl McGrath - diventato nel frattempo manager della band - decidono di far uscire il disco con la Atco (sussidiaria dell'Atlantic).

Wayne Woods (© Paul Sanchez)

Wayne Woods:
Originariamente firmammo con la Rolling Stone Records. Earl McGrath era il nostro manager, il presidente della Rolling Stones Record e un amico di Jim. Non so esattamente perché la distribuzione cambiò dalla Rolling Stones alla Atlantic e poi alla Atco. Le

compagnie erano comunque tutte collegate. Presumo per questioni di business interno alle stesse.

A questo punto Jim è pronto ad incidere il suo album di debutto.

Alle registrazioni, oltre ai fratelli Linsley, Terrell Winn e Wayne Woods, partecipano ospiti di lusso, che si uniscono alla band in studio collaborando alle varie canzoni: Bobby Keys (storico compagno dei Rolling Stones), che giganteggia con il suo sax in "City Drops Into The Night", e l'allora compagno della Smith, Allen Lanier dei Blue Öyster Cult[101], che scrive con Jim l'unica mezza ballad del disco, "Day And Night".

La produzione è affidata alle sapienti mani di Bob Clearmountain

L'album che ne viene fuori, "Catholic Boy", è forse l'ultimo grande disco punk partorito dalla Grande Mela. Anche se definirlo punk è riduttivo. Dentro ci sono la colta rabbia di Richard Hell e dei suoi Voidoids, il suono selvaggio dei New York Dolls, la raffinata poesia di Patti Smith, l'innovativo tocco dei primi Velvet Underground e anche alcune allucinate visioni degne del Jim Morrison di "The End" e "When The Music's Over".

Carroll:[102]

Quando ho iniziato a fare rock'n'roll, perché di questo si tratta, penso che il senso di libertà che sentivo derivasse tutto da quello che gli altri facevano a New York al CBGB's. Ho sentito che dovevo mettere da parte l'aspetto del poeta e scrivere canzoni e, voglio dire, è una cosa ben

---

[101] Gruppo rock statunitense nato alla fine degli anni '60 e tuttora in attività.

[102] Dichiarazione rilasciata da Carroll a Suzan Alteri e pubblicata su Real Detroit Weekly il 13 gennaio del 2000.

diversa ma solo dal punto di vista tecnico. Non è stato così difficile. Si è trattato di far saltare fuori il massimo del contrasto tra la musica e il testo; per me il contrappunto è sempre stato molto importante, in qualsiasi forma d'arte, sia che si tratti di sistemi di metrica o di accordi o cose così. Stavo imparando un sacco e mi ci buttavo a capofitto mentre lo facevo.
Ho scelto il punk anche se a me non piace la negatività del punk, ma facendo quel genere di musica potevo bypassare lei mie limitazioni tecniche perché per fare punk non serve cantare bene...
Jim non è un musicista, anche se strimpella sufficientemente bene la sua chitarra Mustang bianca - regalo di Patti Smith - da riuscire a tirar giù le melodie per le sue canzoni.
Apre il disco l'urlo punk di "Wicked Gravity". Costruito su un supporto ritmico semplice ma robusto, il brano è un attacco metaforico alla gravità, una delle tante cose che non permettono all'uomo di essere libero (*But a word without gravity, that could be, just what i need, I'd watch the stars move close, I'd watch the Earth recede*[103]).
Ancora punk solido e quadrato in "Three Sisters", firmata da Carroll con il chitarrista Terrell Winn. Il testo racconta la storia di tre sorelle che abitano nella Grande Mela: Miranda, Anita e Sally. Miranda legge Chandler, canta il blues e dice "abracadabra" quando fa l'amore. Anche Anita canticchia il blues solo che quando fa l'amore preferisce dire "rasoio". Sally invece è diversa, lei odia il blues, vive a Soho e non fa mai l'amore. Un pezzo carico

---

[103] Ma un mondo senza gravità, potrebbe essere, proprio ciò di cui ho bisogno, guarderei le stelle muoversi da vicino, guarderei la terra retrocedere.

di humor: un ironico ritratto dei giovani spiriti inquieti che popolano la New York di quegli anni.

Il disco a questo punto prende fiato, lasciandoci in compagnia della delicata ballata "Day And Night", scritta da Jim insieme ad Allen Lanier. Su una base ritmica morbida, la voce di Jim si addolcisce con un cantato che a tratti diventa quasi recitato e un testo, al solito complesso, che sembra parlare di una storia d'amore ma poi vira verso qualcosa di più sfocato. Una sorta di percorso esistenziale che porta a ondeggiare come pendoli fra la notte e il giorno e viceversa.

L'anatema di "Nothing is True" prosegue il discorso aperto da "Wicked Gravity": chitarre robuste ma ossute e voce prepotente. Il pezzo racconta di una lei che ripete il mantra: "nulla è vero, tutto è permesso". Qui Carroll probabilmente si riferisce all'eroina ma condisce il testo con una citazione colta. "Niente è vero, tutto è permesso" era infatti il motto della setta degli Hashashīn.[104]
Carroll:[105]
In realtà sono troppo cattolico per crederci davvero (si riferisce al verso "nulla è vero, tutto è permesso", nda). *Per questo nella canzone ho messo queste parole in bocca a una ragazza che, nella finzione, veniva picchiata. Ci sono cascato da piccolo, molto più che ora... non credo sia qualcosa che voglio continuare a fare.*

---

[104] Setta ismaelita appartenente al ramo sciita dell'Islam, che dalla roccaforte di Alamut sulle montagne dell'Iran terrorizzava tanto i cristiani che gli stessi musulmani durante il periodo delle Crociate. Erano sicari per scelta e la serenità con cui si lasciavano massacrare in battaglia portò gli studiosi contemporanei a pensare che facessero uso di hashish; da questo deriva l'appellativo hashashīn, che produrrà il termine Assassini.

[105] Dichiarazione rilasciata da Carroll a Spyder Darling e pubblicata su NY Rock nel gennaio del 1999.

È il momento di "People Who Died", il brano più noto dell'intera discografia della Jim Carroll Band. Firmato dal solo Jim, e condito con un groove trascinante che impedisce di tenere fermo il piede, è forse il miglior inno per prendere di petto l'ineluttabilità della falce.

Carroll saluta i suoi amici, morti in maniere orribili, stupide, casuali, e lo fa senza pietismo né retorica:

Le persone si sono sempre fatte un'idea sbagliata di quella canzone. Pensavano fosse una sorta di glorificazione quando invece era solo un elogio per questi ragazzi che avevano perso il loro potenziale prima del tempo... C'era una coppia di suicidi fra loro ma per la maggior parte erano persone morte accidentalmente. In definitiva non era un tentativo di romanticizzare la morte ma solo un modo di celebrare queste persone[106], dirà Jim in un'intervista del 1998.

Il brano ottiene un successo inaspettato, tanto da spingere "Catholic Boy" fino al 73° posto delle classifiche americane. Nessuno si aspettava un esito simile, il disco è stato pensato per un mercato undenground. Pochi avrebbero scommesso che un album punk con un frontman poeta potesse ottenere tanta attenzione.

E invece "People Who Died" diventa un classico e spopola nelle radio. Quando, l'8 dicembre del 1980, muore John Lennon, è la canzone più trasmessa dopo "Imagine".

Il pezzo viene anche scelto da Steven Spielberg come uno dei brani da inserire nel blockbuster "E.T.", uscito due anni più tardi. Jim, durante i live, aggiungerà spesso una nuova strofa alla canzone, una strofa per omaggiare un caro amico conosciuto in età decisamente più adulta

---

[106] Dichiarazione rilasciata da Carroll a Spyder Darling e pubblicata su NY Rock nel gennaio del 1999.

rispetto agli altri protagonisti del brano: l'attore John Belushi (morto per overdose allo Chateau Marmont di Los Angeles il 5 marzo del 1982).

Ricorda Carroll in un'intervista del 1983 rilasciata al giornalista Peter L. Noble e pubblicata sul Toronto Mussum:

Divenni amico di John Belushi un paio d'anni prima che se ne andasse... era divertente e completamente pazzo. Era sempre alla ricerca di situazioni oltre il limite, di situazioni estreme.

Amava testare le palle delle persone, vedere come erano veramente. Era un tipo ironico e gli piaceva da matti una canzone che scrissi per l'album "Catholic Boy". La canzone era "People Who Died".

Quando la ascoltava voleva isolarsi virtualmente. La amava. Era solito accompagnarla con il tamburo. Ho aggiunto un nuovo verso alla canzone che è dedicato a John. Suppongo che... anzi, probabilmente ogni volta che suono questa canzone penso a lui. Sì, era un mio amico.

Il punto più alto, intenso, evocativo del disco, a parere di chi scrive, si tocca però con "City Drops Into The Night", allucinato pezzo mid-tempo di oltre otto minuti, partorito da Carroll insieme a Brian e Steve Linslay e impreziosito dagli efficaci solo di sax di Bobby Keys.

'Cause when the city drops into the night/ Before the darkness there's one moment of light/ When everything seems clear/ The other side, it seems so near[107].

La canzone è da leggere in chiave insolitamente positiva, come spiega lo stesso Jim in un'intervista:

---

[107] Perché quando la città sprofonda nella notte/ prima del buio c'è un momento di luce/ nel quale tutto sembra chiaro/ e l'altro lato appare così vicino".

Molti nuovi generi di musica sono pronti per l'apocalisse. Non è un pessimismo ma una negatività. In "When The City Drops Into The Night" non salto per affondare ma per risorgere. È un'idea nata dall'eroina, ed è molto romantica ed eroica nel senso poetico. Ma è eroica solo se risorgi di nuovo...[108]

Un brano dalla carica emotiva intensa, che si discosta decisamente dal punk virando verso qualcosa di decisamente più personale che porta Carroll, seppure con toni diversi, vicino ad un altro Jim, come lui di origine irlandese e come lui poeta prestato alla musica. Stiamo parlando del Re Lucertola, Jim Morrison.

Nel pezzo successivo, "Crow", si torna a masticare punk-rock in salsa newyorkese. La canzone è una dedica all'amica Patti Smith, che Jim omaggia cantando: "And they're all gonna try and rip the wind from your soul/ Crow/ It was so sweet when you brought donuts to the junkies... You covered me with blankets in the Chelsea Hotel lobby"[109].

Batteria e chitarra aprono poi "It's Too Late", con i celebri versi: "It's Too Late to fall in love with Sharon Tate/ But it's too soon to ask me for the words I want carved on my tomb"[110]. Un testo critico, in cui Carroll

---

[108] Dichiarazione rilasciata da Carroll al giornalista Frank Rizzo circa nel 1979 e pubblicata recentemente sul blog di quest'ultimo (http://blogs.courant.com/curtain/2009/09/memories-of-poetrocker-jim-car.html).

[109] "Ci proveranno a strapparti il vento dall'anima/ Corvo/ Sei stata così dolce quando hai portato le ciambelle ai tossici [...] mi hai tenuto caldo con una coperta nell'atrio del Chelsea Hotel".

[110] È troppo tardi per innamorarsi di Sharon Tate/ ma è troppo presto per chiedermi le parole che voglio incise sulla mia tomba.

invita a trovare ciò di cui si ha bisogno dentro sé stessi in una sorta di percorso di auto-purificazione personale.

Tocca quindi a "I Want an Angel", sorta di poesia ritmata che Jim già recitava nei suoi reading e che prende qui forma di canzone grazie all'aiuto del batterista Wayne Woods, co-autore del brano.

Chiude il disco la tittle track, "Catholic Boy", altro pezzo di spaventosa intensità. Jim getta nei suoi testi, e in particolare in questo, tutto il suo vissuto di "ragazzo cattolico, redento dal dolore e non dalla gioia" (dalla tittle track), reinterpretandolo attraverso immagini potenti e allucinate. La sua è una testimonianza a tratti inesorabile e disperata ma anche ironica e frizzante. Una testimonianza che, all'apice del pathos, sfiora il delirio mistico quando afferma: "I make angels dance and drop to their knees/ When I enter a church the feet of statues bleed/ I understand the fate of all my enemies/ Just like Christ in the Garden of Gethsemane[111]".

Carroll:[112]

Mi piace il rituale del cattolicesimo. La parte femminile in particolare, il culto della Vergine e quel genere di cose. Non mi piace invece la politica della chiesa. La trovo patetica. Per quel che riguarda il mio senso di fede, mi piacerebbe essere totalmente credente ma non posso dire di esserlo del tutto. È questo che ammiro in certa gente, la loro fede. Io ho la mia fede, ma nel senso che dico io...

---

[111] Faccio ballare e inginocchiare gli angeli/ Quando entro in una chiesa i piedi delle statue sanguinano/ Capisco il fato di tutti i miei nemici/ Come Gesù nel giardino del Getsemani.

[112] Dichiarazione rilasciata da Carroll a Suzan Alteri e pubblicata su Real Detroit Weekly il 13 gennaio del 2000.

Ho imparato molto dal Buddismo ma comunque non capisco gente come Ginsberg, quelli che di colpo diventano buddisti, anche se il Buddismo tibetano è davvero affascinante. È quasi come il linguaggio. Se entro una certa età ti istruiscono a credere in una certa religione, beh non ti resta che seguire quella strada e basta. È una cosa che ti appartiene, a meno che tu non abbia un'epifania tanto diversa o prenda un'altra via per Damasco.

In conclusione, "Catholic Boy", debut album della Jim Carroll Band, va certamente annoverato fra i capolavori del punk newyorkese. Un disco caldo e tagliente, un disco capace di amalgamare rock e poesia al pari delle migliori opere di altri grandi outsider, che come Jim sono stati capaci di fotografare l'estasi e la perdizione dal cuore di New York per farne arte.

"Catholic Boy" è il canto del cigno di un'epoca indimenticabile, cominciata con i Velvet Underground, le serate da Max's e quelle al CBGB's.

Pur non essendo un cantante, Jim dimostra di possedere un ottimo senso del ritmo e una buona padronanza della voce, grazie alla capacità di lasciarsi trasportare dalle emozioni senza perdere la propria attitudine di giovane uomo disincantato.

Anche le performance live di Jim sono di ottimo livello e spesso impreziosite da frammenti di poesie che legge durante le canzoni. Il resto lo fa la prestanza fisica di Carroll, nuovo eroe punk bello e disperato.

Jim sembra a suo agio nell'ambiente del rock: concede interviste lunghe, articolate e mai banali, altro elemento che, a mio personalissimo avviso, lo avvicina a Morrison.

Nel 1980 il giornalista Frank Rizzo intervista Jim un mese prima dell'uscita di "Catholic Boy". Agli occhi di Rizzo Carroll appare molto nervoso quando entra nella sala interviste della Rolling Stones Records. Fuma una sigaretta dopo l'altra, non riesce a star fermo e parla a macchinetta, uno slang fatto di metafore e linguaggio da strada. La sua voce trema. È magro e stordito e si avverte ancora un "alone di eroina" intorno a lui. Secondo il giornalista assomiglia al commediografo Sam Shepard, che è un suo amico e vicino di casa.

"C'è un aspetto snob nella scena della poesia", dice Carroll a Rizzo accendendosi una sigaretta, "è veramente insignificante, in un certo senso, vedere persone che scrivono per un piccolo giornale e dicono: *Io pubblicherò le tue poesie se tu pubblicherai le mie*, oppure: *Le persone non capiranno le mie poesie ma gli altri poeti sì*. Molti di loro condannano Patti perché è passata dallo scrivere poesie a lavorare nel rock and roll, assurdo".

Jim dice di non volere essere un poeta dei bassifondi infilatosi in mezzo alla terra dei punk. È affascinato dal rock and roll in tutte le sue forme:

"Ho sentito la differenza tra il pubblico del rock and roll e il pubblico della poesia. Dalla musica viene fuori una grande energia, che ti viene addosso e tu ci sei nel mezzo".

Il nostro sembra a proprio agio con la crescente popolarità e si lancia in una curiosa metafora fra il rock e il mondo del basket: "La vanità è una grande qualità nel rock. È come quando giocavo a basket... Non è importante segnare due punti ma essere figo mentre lo stai facendo, è una possibilità per trascendere te stesso".

Poi Jim parla delle droghe, soffermandosi sulla cocaina, a detta di molti la droga preferita dai musicisti.

"La cocaina non è romantica, penso sia una droga fredda ed effimera. Non mi è mai piaciuta, sebbene sia la vera droga dei musicisti.

Qualche volta va bene prima degli show perché ti da un senso di spavalderia e anche tanta energia. Qualche volta le persone mischiano la coca con la roba per farsi gli speedball ma io ho sempre pensato che avrei rovinato la mia ottima brown mischiandola con la cocaina. È come mettere la salsa di mele sopra una buona braciola di maiale".

Rizzo e Carroll lasciano la sala stampa dei Rolling Stones e proseguono la loro intervista in strada.

Carroll confida a Rizzo che il titolo che aveva pensato in principio per il disco non era "Catholic Boy" ma "Dry Dreams" (che infatti utilizzerà per il secondo album, nda).

Rizzo chiede allora a Jim di parlargli dei suoi sogni. Carroll si stringe nella vecchia giacca da basket della high school e dice: "Ho fatto un sacco di brutti sogni recentemente, ma quelli che per le altre persone sono brutti sogni per me sono avventure… Il solo brutto sogno per me è quando la realtà arriva nella mia stanza e quando mi sveglio non so cosa sia reale e cosa no".

Rizzo domanda a Jim se sia mai stato dallo psichiatra e il nostro risponde di sì, aggiungendo che secondo lui la maggior parte degli psichiatri sono degli idioti.

Passeggiando i due arrivano davanti alla Chiesa di St. Pat's. Fanno un giro intorno alla struttura, apprezzandone la forma gotica. Poi Jim entra dentro, cammina verso l'altare, quindi si inginocchia e si benedice.

La promozione del disco prosegue alla grande.
Durante lo show del 26 giugno 1980 al Trax di New York, Keith Richards sale sul palco per duettare con Jim sulle note di "People Who Died".
I due si incontrano la mattina agli studi dei Rolling Stones. Keith è stato sveglio tutta la notte con Patti

Hansen[113]. Quando Jim arriva lo trova su di giri mentre Patti sta dormendo stravaccata sul divano.

Richards pulisce la scrivania e inizia a tirar giù strisce di coca grosse come mandala per lui e il suo nuovo ospite. I due hanno entrambi più o meno chiuso con l'eroina e quello è un buon diversivo per non pensarci troppo.

Carroll:[114]

Keith aveva la coca migliore che avessi mai visto, sul serio, puri cristalli di bianca. Era davvero buona e ce ne facemmo un casino. Pensavo non fosse una buona idea tirare tutta quella coca prima del mio show e lo dissi a Keith. Lui allora mi diede due grammi abbondanti e mi disse: "Questa tienila per lo show di stasera".

Jim ha con sé un flacone di metadone che utilizza quando la nostalgia della roba si fa un po' troppo forte e lo offre a Richards.

"Oh, questa è una benedizione di Dio, Jim. Quando sei fatto di coca è perfetto perché se la coca è buona il metadone te la fa salire bene... diventa come l'eroina", è la risposta del chitarrista degli Stones.

Carroll saluta Keith nel tardo pomeriggio per andare al soundcheck.

Jim viene accompagnato al Tranx da Mick Jagger, che assiste alle prove e gli da alcuni consigli per l'esibizione.

Wayne:

La mattina avevamo provato in studio e mentre eravamo lì abbiamo sentito alla WNEW - la più importante

---

[113] Patricia "Patti" Hansen (17 marzo 1956). Celebre modella e attrice americana che sposò Keith Richards nel 1983. La coppia, tutt'ora sposata, ha avuto due figlie.

[114] Dichiarazione rilasciata da Carroll per il libro "Keith Richards: The Biography" di Victor Bockris (Dal Capo Press).

stazione radio di New York - che qualcuno degli Stones avrebbe suonato con noi quella notte... pazzesco. Al Tranx Mick e Keith erano nel backstage con noi a provare "People Who Died". Che fottuta festa.
Il pubblico era pieno di celebrità . Fu incredibile...
Quando, durante il concerto, parte "People Who Died" e Keith sale sul palco la folla impazzisce.
Keith:[115]
Sì, ho fatto un paio di bei numeri con Jim a New York, ma cazzo ero veramente bevuto...
Jim, indossando una maglietta nera cacciata dentro ai pantaloni e le maniche arrotolate sulle spalle, sputa rock da strada in faccia a un pubblico pieno di nuovi adepti del music business, ubriachi fradici perché arrivano dal party di presentazione dell'album "Emotional Rescue" dei Rolling Stones.
La gente va fuori di testa e di fatto New York consacra una nuova stella.
Più tardi, mentre lasciano il Public Theater, Rosemary prende in giro Jim perché indossa i suoi jeans e i peletti del collo gli si drizzano appena sente il rumore delle sirene nelle strade di Manhattan.
I due salgono su un taxi e spariscono saltando nel cuore della notte.

---

[115] Dichiarazione rilasciata da Richards per il libro "Keith Richards: The Biography" di Victor Bockris (Dal Capo Press).

7.

Durante il tour di promozione per "Catholic Boy", Jim partecipa al popolare varietà "Fridays", dove viene intervistato dal conduttore Tom Snyder. Carroll appare anche nel programma di MTV "The Roots of Rock", presentato dall'amico Lou Reed.

Per non parlare dei magazine. "Il poeta del punk", come lo battezzano i media, finisce su Newsweek, Creem, Interview, Melody Maker, Stereo Review, Rolling Stone, Variety e Penthouse. Su Playboy compare addirittura un fumetto la cui battuta finale è: "Da quando è arrivato Jim Carroll, dire *sono un poeta cattolico e tossicomane* fa molto più figo che chiedere *di che segno sei?*".

Per quelli della BAM (Brooklyn Academy of Music), "Catholic Boy" è il secondo disco più importante uscito nel 1980.

Steve Linsley (© Paul Sanchez)

Il successo della JCB è attribuibile alla fortunata combinazione di puro rock'n'roll con la sensibilità poetica di Carroll e alla sua capacità di scrivere partendo dalla propria esperienza personale. Jim sa trasformare la sua litania cantilenante e lamentosa in qualcosa di estremamente vivo e reale.

L'energia grezza del rock'n'roll unita alla sensibilità della poesia fa quindi centro e Carroll - il cangiante ragazzo cattolico redento dal dolore e non dalla gioia - viaggiando tra parole, simboli e suoni diventa definitivamente un'icona generazionale.

Dopo il buon esito del disco d'esordio, e un massacrante tour andato avanti per quasi tutto il 1981, Jim ritorna a vivere a New York visto che Rosemary, diventata nel frattempo avvocato, ha trovato lavoro nello studio legale Louis Nizer.

I due vanno ad abitare in un loft pieno di romanzi russi che Rosemary conserva con cura. Per quanto Jim sia quasi ripulito, si porta ancora addosso i segni degli abusi del passato con cicatrici sul corpo ancora ben visibili. Carroll:[116]

Un dottore era riuscito a togliermene molte, ma alcune che derivano da un brutto ascesso sono ancora visibili. Come questa qui nel gomito. Mi sono torturato un casino cercando di cacciar fuori tutta questa merda fuori dal grumo, finché una volta non vado al cinema con questa ragazza, sulla Eight Street. Era inverno, il teatro era pienissimo, e quindi ero in maglione e giacca. Mentre usciamo sento caldo, mi levo il maglione e, come per magia, questo cazzo di pus inizia a colarmi dal gomito.

---

[116] Dichiarazione rilasciata da Carroll a John Milward e pubblicata su Penthouse nel marzo del 1981.

La ragazza che era con me inizia a urlare ma io ero contentissimo, roba del tipo "ehi bella, lascialo uscire che va bene così".

Jim non è tipo da mettersi a nascondere le ferite ma, pur condividendo con William Blake il pensiero: "la strada degli eccessi è quella che ti porta al palazzo della saggezza", incomincia ad avvertire la trappola della reputazione.

Carroll:[117]

È pericoloso quando sono le tue imprese a parlare di te. È una perdita di talento, il che è un peccato.

In anni in cui l'eroina è diventata una cosa chic, può essere abbastanza problematico essere una rock star e contemporaneamente un ex tossico.

Carroll:[118]

Questi dilettanti dell'ultima ora finiranno malissimo, pensano che l'eroina sia come la cocaina, ovvero che ti prenda ma non così tanto, non sanno che è una droga anche più merdosa e insidiosa. Prima o poi il vizio se li mangerà. Ma ciò che più mi spaventa dell'eroina di oggi è la sua purezza, a volte mi verrebbe voglia di rubarne un po' e venderla. Non ne ho imparato nulla se non che non voglio vivere perdendo tempo in questo modo così stupido. Adesso certa gente che mi vuole diventare amica spesso mi offre piccole dosi di eroina e la cosa peggiore è che non sono del tutto sicuro che sarò capace di rifiutare per sempre...

---

[117] Dichiarazione rilasciata da Carroll a John Milward e pubblicata su Penthouse nel marzo del 1981.
[118] Dichiarazione rilasciata da Carroll a John Milward e pubblicata su Penthouse nel marzo del 1981.

Nonostante la crescente fama di rockstar, Jim non dimentica la poesia e, nel 1981, accetta di tenere un corso di dieci settimane per giovani poeti presso il New York YMCA, un'associazione cristiana. Lo scrittore David Alan Richards, presente a quei corsi, ricorda Jim come un insegnante divertente, brillante e molto tranquillo.

La Atco intanto preme perché venga realizzato un degno seguito di "Catholic Boy" e Jim si mette immediatamente al lavoro. Carroll vuole sperimentare, allargare la sua musica fino ad uscire dai confini del punk. Vuole canzoni più complesse in linea con i suoi nuovi testi, oscuri, densi e visionari.

I due chitarristi della formazione originale, Terrell Winn e Brian Linsley, vengono sostituiti da John Tiven e Paul Sanchez. L'uscita dei due dal gruppo viene ufficialmente attribuita a "differenze artistiche".

Wayne Woods:
I rapporti fra i membri della band sono quasi sempre stati molto buoni. Brian e Terrell andarono via dopo il primo album. Avevamo idee diverse ma è rimasto un forte legame fra noi. Siamo ancora tutti fratelli. E lo rimarremo sempre. Sono felice e grato del rapporto che avevo con Jim. Lui ha vissuto con Suzanne e me per un periodo a Bolo (Bolinas, nda) *e noi abbiamo vissuto con lui e Rosemary a Manhattan. Avevamo entrambi un senso dell'umorismo molto secco. Eravamo tutti e due tipi "terra a terra" e poco pretenziosi, persone comuni... eravamo persone normali. Onesti e aperti. Amici. Nessuna stronzata legata alla celebrità. Quello che ci importava era soltanto il condividere qualcosa di bello con gli altri. Io ancora lo faccio e sono sicuro che l'ha fatto anche lui fino alla fine...*

Brian Linsley, da me intervistato per questo libro, vede l'addio suo e di Terrell in maniera del tutto diversa.
Brian:
"Noi avemmo una disputa finanziaria con Jim e il suo manager, Earl McGrath. Jim e io avevamo un accordo non scritto: dividere i profitti in parti uguali tra i membri della band. Ma questo non successe. Avevo una famiglia da mantenere e senza un buon accordo io e Terrell ci trovammo costretti a lasciare... Lui mi trattò in maniera molto fredda quando gli chiesi perché aveva rotto il nostro accordo. Penso che la Jim Carroll Band avrebbe potuto diventare grandissima se Jim fosse stato in grado di dividere i profitti equamente con ciascun membro della band... curioso come i soldi possano rovinare le cose. E ti dirò una cosa: c'era una speciale alchimia fra i membri originali della band e quando io e Terrell fummo licenziati quell'alchimia andò perduta.
Anche Steve Linsley è abbastanza critico sulla questione:
In realtà la colpa dell'ingiusta distribuzione delle royalties fu del manager, Earl McGrath. Tuttavia Jim non fece nulla per evitare che ciò accadesse...
E Jim che ne pensa? All'amico musicista e promoter Robert Fitzgerald confesserà anni più tardi di essere stato lui a scrivere tutte le canzoni di "Catholic Boy" e di aver lasciato anche agli altri i diritti sulle composizioni al solo scopo di mantenere la pace e distribuire equamente i guadagni. E che si era sentito scottato quando i compagni si erano lamentati per i diritti sui testi e per il fatto che l'attenzione nei confronti del gruppo fosse rivolta essenzialmente a lui.
Oltre ai nuovi chitarristi Tiven e Sanchez, al disco collaborano Tom Canning (piano), Walter Steding

(violino), Sammy Figueroa (percussioni), Alan Lanier (sintetizzatore), Randy Brecker (tromba).
Il super ospite questa volta è Lenny Kaye, che fa ruggire la sua chitarra nel pezzo "Still Live".
Steve Linsley:
Paul Sanchez era un vero membro della Jim Carroll Band, così come Lenny Kaye (che entrerà in pianta stabile nel gruppo dopo la realizzazione di "Dry Dreams", nda). *Jon Tiven non sarebbe mai dovuto entrare nella band. Ci fu imposto da Earl McGrath. A nessuno stava del tutto bene che ci fosse Jon, e Jon lasciò prima del tour di "Dry Dreams", perché voleva portare in tour sua moglie. Questo permise a Lenny di unirsi al gruppo, non aveva potuto farlo prima per via degli obblighi con Patti Smith...*
Quando ho chiacchierato con il gentilissimo Jon Tiven, il suo ricordo non era quello di un raccomandato ma più di un vessato, tenuto talmente poco in considerazione da decidere di andarsene dalla band.
Jon Tiven:
A Earl McGrath non andò per niente a genio che io avessi un mio seguito e fece una questione di principio l'escludermi il più possibile dalla registrazione dell'album. Dopo aver sentito il mix finale di "Dry Dreams" - che ritengo fosse molto meno entusiasmante delle canzoni venute fuori live, per dirla tutta - presi la decisione che dopo il nostro tour in Canada ad aprire per la J. Geils Band[119] me ne sarei andato. Non mi divertivo ad essere l'ultima ruota del carro, visto che mi sentivo di aver dato tutto al 100%. Ma suonai con il

---

[119] Band pop-rock americana che ottenne parecchio successo negli anni settanta.

massimo impegno nelle date canadesi, e all'ultimo concerto Earl venne da me e disse: "Jon, ti abbiamo fatto passare tempi duri fino ad oggi, ma in queste date ti sei guadagnato il rispetto di tutti".
Gli dissi che avremmo dovuto parlare, quando fossimo tornati a New York, e dissi a Jim che non potevo continuare, consigliando di prendere Lenny Kaye al mio posto, perché avrebbe apprezzato la cosa più di quanto non stessi facendo io ultimamente...
Con Jim il rapporto è sempre stato perfetto. Ero molto colpito da lui, era letteralmente straordinario, con quegli occhi come laser. Poteva tagliarti con una parola ma era anche molto dolce. Lui e sua moglie, Rosemary, sono stati molto accoglienti nei miei confronti e l'ho apprezzato molto...

Wayne Woods:
Jim ha sempre trattato i membri della band con onestà e rispetto... ma non tollerava le stronzate. Chi lo farebbe? Aveva l'ultima parola, certamente, ma noi confidavamo in lui per le decisioni. Lui ascoltava le opinioni degli altri e le apprezzava. Noi eravamo un team e lui era un buon leader di questo team. Lui sapeva come ispirarci, sapeva come ispirare il pubblico in generale...

Nonostante la quantità di strumenti coinvolti, "Dry Dreams" non è assolutamente un disco pomposo, anzi, per certi versi risulta asciutto e crudo come il suo predecessore. Tuttavia le atmosfere punk sono meno evidenti e Carroll sembra occhieggiare di più alla modaiola "wave", molto in voga in quegli anni.

A proposito del titolo, Jim dichiara:
Non mi è mai piaciuta l'attitudine rock and roll, così dominata da immagini sessuali, tipo "rock da cazzo". Scrissi le canzoni con quest'idea in testa, cercando di

fare l'esatto opposto. Così, invece che sogni bagnati, le canzoni erano "sogni asciutti".

Jim con il manager Earl McGrath (1982 © Paul Sanchez)

Durante le sessioni di registrazione arriva in studio anche John Belushi, che jamma con la band per un intero pomeriggio.
Jon Tiven:
Il giorno che feci il provino per la Jim Carroll Band incontrai John insieme con i membri dei ZZ Top ad un party organizzato per l'uscita del suo nuovo film "Neighbors". Ho anche beccato Farrah Fawcett in una vasca idromassaggio, lo stesso giorno. Che giornata. Io e John ci trovammo a parlare e gli chiesi che musica lo stesse appassionando in quel momento e lui rispose: "La Jim Carroll Band". Allora gli dissi che avevo appena

fatto un provino per loro e che probabilmente ne sarei entrato a far parte. Riuscii a farlo venire alle prove qualche tempo dopo ma quel giorno Jim se n'era andato presto. John cantò comunque tre o quattro canzoni con la band, conosceva tutti i testi, ma all'improvviso ci fu un salto di corrente e così ce ne andammo tutti a casa.

"Dry Dreams" parte con "Work Not Play", pezzo in pura wave newyorkese del periodo. L'apparente disimpegno della musica si scontra con un testo dagli alti picchi evocativi, che racconta la storia di un uomo in lotta per tenersi lontano dalle proprie ombre. Un brano da ballare senza ascoltare le parole perché fanno troppo male, un disperato bisogno di una notte immacolata per sciogliere la dicotomia fra musica e testo. "I'm cursed to be a singer/ A singer of the flames/ A thinker of a fire/ And a son without a name[120]", urla Jim nel finale del pezzo.

La canzone successiva, "Dry Dreams", parte con un incedere punk e sembra descrivere la nuova vita da rockstar di Carroll ma poi, in un autentico deragliamento kafkiano, il testo diventa totalmente evocativo, andando a raschiare fra gli incubi asciutti di Jim: "The madonnas at the crossroads/ Dressed like future spies/ They shine their lips with android sperm/ And the Riviera skies... But every night I have the same dream[121]". La canzone esplode infine in un riff energico e orecchiabile.

Con "Them" la wave torna a farla da padrona. La canzone è un inno contro lo yuppismo - in odore di consacrazione - gli affaristi e la nuova generazione figlia

---

[120] Sono condannato a essere un cantante/ Un cantante delle fiamme/ pensatore di un fuoco/ E un figlio senza un nome.
[121] Le madonne agli incroci/ vestite come spie del futuro/ si lucidano le labbra con sperma di androide/ e con i cieli di Riviera... Ma ogni notte faccio lo stesso sogno.

dell'America neo-reganiana: "They wear spandex and gloves/ And feed on fetus flesh/ They're the fashion rage/ Of the empirical age"[122].

"Jealous Twin" è una sorta di versione anni ottanta di un pezzo rock'n'roll anni cinquanta. Il testo, ancora una volta ispiratissimo, è criptico e complicato. L'immagine superficiale è quella di una coppia che sublima il sesso con l'eroina, ma scavando a fondo potrebbe essere tutta una proiezione della mente di Carroll e la ragazza della canzone l'eroina stessa.

È il momento della suite di "Lorraine", forse il passaggio più complesso e articolato dell'intero disco. Aperto da una lunga poesia recitata da Jim senza alcun accompagnamento musicale - una poesia che parla ancora una volta di eroina ma è condita da curiosi riferimenti alla magia - esplode poi in un rock ipnotico che narra una storia di droga come tante, se non fosse per l'angelo che il protagonista ha sulla spalla e con cui dialoga: "I was talking with my Angel/ He said that beauty is only terror/ You know, when terror is just beginning"[123].

È sempre wave, tra l'altro quasi di matrice europea, quella che si sente in "Jody", canzone orecchiabile e avvolgente. Stavolta Carroll ci parla di una vecchia amica d'infanzia con la quale condivideva tante cose e ormai più nulla. Lei vive in uptown, lui a downtown, e il tempo passa sempre più in fretta.

Il pezzo che non ti aspetti arriva con la traccia successiva, "Barricades", una protest song, insolita per Jim, dove il

---

[122] Indossano fibre sintetiche e guanti/ e si nutrono di carne di feto/ sono la rabbia fashion/ dell'epoca empirica

[123] Stavo parlando con il mio angelo/ lui diceva che la bellezza è solo terrore/ lo sai, quando il terrore sta solo cominciando.

nostro sembra omaggiare Dylan nel cantato. I riferimenti nel testo sono svariati e spaziano dal Salvador ("Who makes promises and then promises more?/ Who makes promises for El Salvador?"[124]) al vecchio Vietnam ("Who makes promises with such insidious charm?/ But it would have made things cleaner/ In old Vietnam...[125]) fino ad un finale di rara ironia: "Come on, they say, "Come on"/ They say "Come on,"/ And you say, "ahh"/....You just say LATER"[126].

"Evangeline", scritta da Jim insieme a Wayne Woods (già autore delle musiche di "Them", "Jody" e "Jealous Twin"), è invece un onesto pezzo wave contro il mondo delle ragazze patinate. L'Evangeline della canzone è una giovane donna consapevole del proprio charme che frequenta club esclusivi, adora sottomettere gli uomini e nuotare in un mare di soldi. Jim se ne libera con l'ennesimo verso carico d'ironia: "I can't take it anymore/ If she calls back,/Tell her I went uptown to the downtown store[127]".

Wayne:
Il mio metodo per scrivere le canzoni consisteva nel portare sempre con me una mini tastiera Casio. La mia capacità di tirar fuori melodie era piuttosto limitata. Jim ed io condividevamo una certa carenza delle tradizionali abilità musicali. Era già abbastanza che riuscissi a comunicare le mie idee agli altri membri della band. Spesso condividevo queste idee con il gruppo e ci

---

[124] Chi fa promesse e ancora promesse/ chi fa promesse per il Salvador?

[125] Chi fa le promesse con quel genere di fascino insidioso?/ Ma si sarebbero potute fare le cose più pulite/ nel vecchio Vietnam

[126] "Andiamo" loro dicono "Andiamo"/ loro dicono "Andiamo"/ E tu dici "ahh"/ Tu dici solo "più tardi".

[127] Non posso più sopportarlo/ se lei richiama/ dille che sono andato ad uptown al negozio di downtown.

lavoravamo sopra e poi facevamo vedere il risultato a Jim per fargli aggiungere le parole.

Con la ballatona "Rooms", musicalmente collocabile fra un lentone rock anni 50 e i Cure quando fanno i ruffiani, ritorna il tema onirico e l'ambiguità della figura femminile (o ancora l'eroina?): una figura importante che ora non c'è più, ma il cui ricordo è sempre vivido nella sua mente ("I hear your shadow through the door/ It's outlined on my shade/ Like a map of some foreign shore"[128]).

Chiude il disco "Still Life", scritta da Carroll insieme a Lenny Kaye. Un pezzo tutto a salire con la chitarra di Lenny che disegna un blues che non è blues ma rende come un blues, e un Jim finalmente libero di esorcizzare tutti i suoi fantasmi.

Nel finale si ha quasi l'impressione che Carroll si rivolga a un sé stesso bambino, a cui dispensa la più azzurra delle domande: "Little boy, Looking at the sky, Tell me what you see?"[129].

No, questo album non ha il pezzo assassino ("People Who Died") che invece aveva "Catholic Boy" e infatti ne risente, vendendo molto meno del suo predecessore.

Mancano pure le splendide ruvidezze punk di "Wicked Gravity" e Catholic Boy" e le allucinazioni psichedeliche di "City Drops Into The Night".

Eppure "Dry Dreams" non è, almeno sulla carta, inferiore a "Catholic Boy". Cinque pezzi (la tittle track, "Them", "Lorraine", "Jody" e "Barricades") sono ampiamente sopra la media e "Still Life" è un mezzo capolavoro. I testi di Carroll sono intensi e corrosivi come mai prima

---

[128] Sento la tua ombra attraverso la porta/ è delineata sulla mia ombra/ come una mappa di qualche riva straniera.

[129] Ragazzino, che guardi il cielo, dimmi cosa vedi?

d'ora e la band funziona senza strafare. La rock poetry di Jim tocca livelli di lirismo poetico decisamente superiori ai più pubblicizzati - e comunque validissimi - Lou Reed e Patti Smith.

Paga, e questo va riconosciuto, musicalmente e a livello vocale il frettoloso mix dell'album, ma il risultato è comunque buono.

Jon Tiven:

Sapevo che la barca stava affondando dal giorno in cui sentii i mix di "Dry Dreams". Speravo che improvvisamente sarebbe suonato come qualcosa di speciale, che ci avrebbero messo qualche riverbero magico o che lo avrebbero portato a Bob Clearmountain - che aveva fatto un grande lavoro per il primo disco - e che lui ne avrebbe cavato fuori un qualche senso.

Voglio dire, produrre i Rolling Stones significa tirare fuori un senso dal casino che fa la band sul nastro, e io credevo che Earl questo lo avesse capito lavorando proprio con gli Stones, e che sarebbe stato in grado di tirare fuori il coniglio dal cappello.

Ma sentimmo tutti l'album e credo che tutti i nostri cuori affondarono insieme. Era ovvio per me che questo non era un album di cui alla gente sarebbe importato qualcosa, suonava troppo come se fosse fatto da gente a cui, appunto, non fregava niente. E non era stato registrato velocemente, ogni session è stata un'agonia! Dirò soltanto che produrre dischi è troppo importante per lasciare che a farlo siano persone con poca competenza. Non penso che Earl McGrath sia una persona cattiva, ma non aveva abilità, non poteva aiutarci a livello tecnico o musicale in studio, e se all'epoca avessi avuto un po' più di sfrontatezza lo avrei preso da parte e gli avrei detto: "Dammi UN GIORNO in studio con Jim e un batterista e

ti darò tre side che spaccano il culo a qualsiasi cosa tu abbia tirato fuori negli ultimi mesi". Rimpiango il giorno in cui non l'ho fatto.
Il motivo per cui il disco non viene fatto mixare da Bob Clearmountain non ha alcuna radice artistica ma è una mera decisione economica. Il produttore costa, costa parecchio e allora si opta per il fai da te. Più tardi negli anni, Jim confiderà all'amico Robert Fitzgerald che quella scelta fu sbagliata e che avrebbero dovuto pagare e affidarsi alle sapienti mani di Bob.
La Jim Carroll Band riparte in tour per la promozione del disco. Suzanne Del Regno, la fidanzata e futura moglie di Wayne Woods, diventa la tour manager del gruppo.

La JCB in tour, da sinistra a destra: Wayne, Steve, Jim e Paul
(© Paul Sanchez)

Steve Linsley:
Jim era una persona molto calma e discreta. Proteggeva il suo tempo e spazio per creare e percepire il suo mondo. Lui ci ha insegnato a vivere così. Allo stesso tempo era molto generoso. Era la persona più divertente che io abbia mai conosciuto. In tour ci raccontava storie che ci facevano davvero morire dal ridere. Le parole di Jim mi hanno influenzato molto quando ero giovane, così come hanno influenzato chiunque ascoltasse la band. Mettendolo insieme al fatto di essere io stesso un musicista, questo ha avuto un effetto profondo sulla mia psiche.

Gli show sono sempre di intensità altissima anche se Jim fatica a gestire la fama. Nel backstage i fan che lo raggiungono vedono in lui il ragazzo tossico dei diari ed è difficile resistere alle tentazioni di chi ti regala la roba perché sei famoso, la stessa roba per cui dieci anni prima eri costretto a prostituirti.

Carroll:
Le persone pensavano davvero di conoscermi e che non fossi cambiato dai tempi dei diari... quando suonavo con la band mi gettavano sul palco siringhe, crocifissi e rosari. Ho una vera e propria collezione di sta roba.

Nonostante le biografie ufficiali sostengano che Carroll si sia disintossicato dall'eroina durante il suo soggiorno a Bolinas, la cosa in realtà non è stata così semplice e immediata. Per tutti gli anni settanta e i primi ottanta, Carroll ricade spesso nelle vecchie abitudini, salvo poi riprendere numerose volte la cura con il metadone. Alla mia diretta domanda - se Jim abbia realmente smesso ai tempi della California - Brian Linsley mi risponde: "Mi piacerebbe dirti che andò così ma non è vero. Continuò saltuariamente a farsi mentre eravamo in tour, alternando la roba con il metadone".

La vita da rockstar, per una persona in lotta contro la dipendenza dall'eroina, credo sia la controindicazione numero uno. Jim, da sempre abituato alla fama discreta di uno scrittore, si trova catapultato in un mondo che corre troppo veloce. Il cantautore Gary Heftern, che all'epoca si esibisce in alcuni concerti insieme alla Jim Carroll Band, ricorda:
La mia prima impressione su Jim fu constatare quanto fosse tranquillo, lui aveva questa bellissima pelle traslucida e io sentivo che aveva timore a parlare con la gente, finché non saliva sul palco e allora lasciava uscire fuori i suoi demoni. Non è facile parlare di eroina quando sei stato lì e poi ne sei tornato, specialmente alle persone che non ti conoscono... così non parlammo molto la prima volta che ci esibimmo. Lui sembrava agitato e nervoso, come un daino accecato dalle luci di un auto.

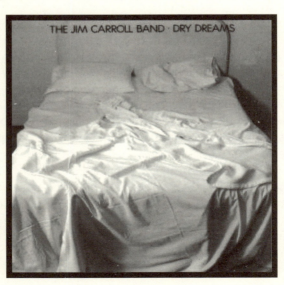

8.

Fra un concerto e l'altro Jim prende parte al film "Listen To The City" del regista canadese Ron Mann, con cui aveva già collaborato in "Poetry in Motion"[130]. Il film è una sorta di drammatica favola urbana ambientata in Canada che tratta il tema della disoccupazione causata da una multinazionale senza scrupoli. Jim interpreta il vagabondo Hupar ed appare in parecchie scene della pellicola.

Ron Mann:[131]

Nel cast avevamo inserito alcuni musicisti locali di Toronto, e le comparsate di Lenny Kaye, Rosemary Carroll e altri. Jim era il protagonista.

Dovevamo portarlo alla Fondazione di Ricerca delle Dipendenze ogni mattina per la sua medicina. Ed era un problema organizzare tutto questo.

Un giorno stavamo girando la scena di una lezione di musica in una terza media. Quando esaminammo la classe, iniziai a guardare i progetti su cartoncino dei ragazzi appesi alle pareti. Uno che colpì la mia attenzione raffigurava i Rolling Stones. Ma quello che mi sorprese fu una foto di Keith con Jim, e il tredicenne che lo aveva fatto aveva scritto: "Keith Richards con il poeta di New York Jim Carroll". Ero impressionato. Un

---

[130] Documentario in cui poeti e scrittori americani come Charles Bukowski, Allen Ginsberg, William Burroughs, Tom Waits e tanti altri vengono intervistati o ripresi durante i reading. Carroll legge la poesia "Just Visiting". Al film seguirà anche un disco di spoken words - "Life Is a Killer" - in cui gli stessi artisti coinvolti nella pellicola leggeranno per intero e senza tagli le loro composizioni.

[131] Dichiarazione rilasciata da Ron Mann per www.punkglobe.com.

ragazzino di tredici anni che era a conoscenza dell'esistenza di Jim Carroll. Figo.
Due giorni dopo stavo portando in macchina Jim alla location. Come faceva piacere a lui, ci dividemmo uno spinello lungo il tragitto (beh, fumò di più lui; io stavo lavorando). Gli dissi che avevo una bella sorpresa per lui. Arrivammo lì e gli mostrai il progetto. Si illuminò. Poi fece una faccia birichina. Afferrai la Polaroid; Jim cambiò il voto del ragazzino da una C+ a una A- (non riesco a ricordare cosa disse esattamente, ma era qualcosa tipo: "Hey, non posso dargli una A+, si monterebbe la testa"). Fotografai Jim che indicava il voto, e attaccammo con una puntina la foto autografata sul cartoncino. Sono abbastanza sicuro che abbiamo fatto felice quel ragazzino.

Jim trova anche il tempo di registrare la lettura del racconto "A Peculiar-Looking Girl" per il disco di spoken words "Better an Old Demon Than a New God", che esce nel 1983. Insieme a Carroll, partecipano al progetto leggendo i propri lavori David Johansen[132], John Giorno, William S. Burroughs, Lydia Lunch[133], Meredith Monk[134] e Richard Hell.

Nel 1985 esce nelle sale il film "Tuff Turt", interpretato dagli attori James Spader e Robert Downey Jr.

---

[132] David Johansen (9 gennaio 1950). Cantante statunitense, è stato la voce della rock band dei New York Dolls.
[133] Lydia Kock aka Lydia Lunch (2 giugno 1959). Cantante puk, poetessa e scrittice statunitense.
[134] Meredith Jane Monk (20 novembre 1942). Compositrice, cantante, regista e coreografa statunitense. È conosciuta soprattutto per le sue profonde innovazioni canore, arricchite da una vasta serie di tecniche che sviluppò nelle sue performance da solista.

Si tratta di una classica pellicola giovanile anni ottanta che sarebbe da dimenticare se non fosse per gli ottimi attori coinvolti. Jim partecipa con un breve cameo interpretando sé stesso in un club dove canta "It's to Late" e "Voices". Le due canzoni, insieme a "People Who Died", finiscono anche nella colonna sonora originale del film.

Il terzo ed ultimo disco della Jim Carroll Band, "I Write Your Name", esce nel 1983. La formazione della band è nuovamente rivoluzionata. Tiven non c'è più e alla chitarra, insieme al confermato Sanchez, suona in pianta stabile Lenny Kaye.

Paul Sanchez (a sinistra) e Lenny Kaye (© Paul Sanchez)

È presente nei credits del disco come chitarrista anche Brian Marnell, talentuoso musicista che ha suonato in alcune date con Jim e registrato brani del nuovo album, ma è morto poco prima dell'uscita dello stesso per problemi legati alla sua dipendenza dall'eroina.

Steve Linsley:
Brian purtroppo morì prima di poter venire in tour con noi. Sarebbe potuto essere un buon membro della band. Ho sempre sostenuto che Marnell fosse una delle poche persone che ho conosciuto ad avere un autentico "cuore rock'n'roll"!
Confermata invece la sezione ritmica, con Wayne Woods e Steve Linsley (batteria e basso), a cui si aggiunge Will Lee, un altro bassista. Le percussioni sono invece affidate a Michael Caravello mentre le tastiere, stavolta presenti in tutti i pezzi, sono a cura di Kinny Landrum.
Il disco viene registrato agli Atlantic Studios di New York e prodotto dallo stesso Earl McGrath.
"I Write Your Name" è un disco difficile da analizzare. Se da un lato contiene alcune canzoni assolutamente poco azzeccate e fuori tempo massimo sia per il punk che per la wave (vedi "No More Luxuries", "Voices", "Low Rider" e "Dance The Night Away") dall'altro ci regala brani veramente geniali. Vedi la *stonesoniana* "Love Crimes" o la cavalcata rock della title track, uno dei migliori pezzi di sempre a firma Jim Carroll Band.
Carroll:
"I Write Your Name" (la canzone, nda) *parla di un ragazzo che perde una ragazza e si rende conto che l'unico modo che ha di superare la perdita - oppure di riaverla - è scrivere il suo nome ovunque; quindi scrive il suo nome nei muri dei bagni delle discoteche New Wave, a San Francisco, sui piatti, sugli schermi TV, sulle riviste. Va a scrivere il suo nome dappertutto. Nell'ultimo verso, supera la perdita. Diventa un famoso artista di graffiti, e guadagna 10,000 dollari a dipinto, ah, ah, ah.*
Ottimi pezzi anche la riuscita cover di "Sweet Jane" dell'amico Lou Reed e l'urlo punk di "Freddy's Store", uno

sfacciato esercizio musicale a ritmo di conga che mostra come il poeta-rocker conservi un realismo del tutto unico.
Paul Sanchez:
Scrissi la musica per "No More Luxuries" e "Freddy's Store" nel mio appartamento. Poi portai le canzoni in studio e lavorai agli arrangiamenti con gli altri. Jim si portò a casa una cassetta con le melodie e scrisse i testi. Qualche volta mi chiamava dopo aver scritto questi meravigliosi testi...
La band aveva girato parecchio in tour ed era ben amalgamata quando registrammo "I Write Your Name". Il suono era arioso e il gruppo suonava bene. Facemmo un buon mix. Fu un disco molto più organico e sono felice di avervi preso parte.

Il limite del disco, oltre all'esagerata contaminazione con il pop anabolizzato di sintetizzatori del periodo, è che quando finalmente Carroll ha alle spalle una grande rock'n'roll band i suoi limiti vocali si fanno più evidenti. Limiti vocali che

rendono monotona una bella ballad come "Hold Back The Dream" e non del tutto convincente l'intrigante suite sonora stile Velvet Underground di "Black Romance".
Carroll:
Beh, "Hold Back The Dream" è proprio la mia canzone preferita del disco. È una canzone che ho scritto con un tizio di San Francisco che si chiamava Brian Marnell e stava in un gruppo con Jack Cassidy. È morto tre mesi dopo aver scritto quel brano, sfortunatamente, il che è terribile. La canzone parla di quando si è totalmente sopraffatti dai sogni a volte, e così è stato per me, in una mia situazione personale... c'è stato un periodo della mia vita in cui vivevo così tanto all'interno della mia testa e del mio cuore che mi sentivo scollegato dal resto del corpo completamente. Mi sono innamorato di qualcuno, e ho capito di non avere più alcuna connessione con il mio corpo, sai. Era un dilemma. Quello che voglio dire è che devi in qualche modo arginare tutto questo. Puoi finire per vivere nella tua mente e fuori dal tuo corpo a volte, quindi devi respingere i sogni.

I testi sono, al solito, di eccellente livello. Ma questa non è una novità. La poesia di strada di Jim, il suo rap biascicato e nasale, la capacità di descrivere la quotidianità con pennellate acide, corrosive ma di una grazia unica, sembrano non esaurirsi mai e colorano di significati l'intero lavoro.

Ho chiesto allo scrittore Episch Porzioni - nuovo esponente della scena gonzo italiana e saggista musicale - un giudizio complessivo sui tre dischi realizzati dalla Jim Carroll Band. In una notte sfocata, trascorsa ad ascoltare il d.j. inglese David Rodigan in un locale stipato di corpi sudati che ballavano al ritmo del reggae, ecco cosa mi ha risposto:

La musica della Jim Carroll Band? Beh, "Catholic Boy" è imprescindibile. Sugli altri due dischi, che dire? In generale non vado matto per la musica degli anni ottanta: cercavano tutti di suonare come una tastiera giocattolo, pure i batteristi. Troppo rossetto per me! Ma Jim... beh, è la roba ideale per quelli che dicono di non sentire più niente, quelli che hanno esagerato con la sensibilità...

Terminato con "I Write Your Name" il contratto di tre dischi firmato con l'Atlantic, Jim decide di prendersi una lunga pausa dalla musica e tornare a dedicarsi alla scrittura. La band si scioglie nel 1985, dopo l'ennesimo tour. Nelle ultime date, tra l'altro, non c'è più Lenny Kaye - che abbandona per stare vicino alla figlia appena nata - e a sostituirlo arriva Adam Roth.

Dopo l'ottimo esito del disco d'esordio, gli altri due album della Jim Carroll Band ricevono un'accoglienza tiepida e vendono poco. A più di 25 anni di distanza, però, tutti e tre i lavori del gruppo sono considerati dei classici. Attraverso le interviste che mi hanno concesso i membri della JCB, ho cercato di capire cosa non abbia funzionato. Quasi tutti sono concordi nel ritenere che la gestione della band da parte di Earl McGrath sia stata poco attenta. Secondo Wayne Woods, Earl rifiuta un tour di supporto ai Clash - sostenendo che la JCB non deve sentirsi inferiore a nessuno - e pure un'ospitata al Saturday Night Live Show e su MTV. Steve Linsley firma e sottoscrive il parere di Wayne.

Tiven, come ho riportato in precedenza, attribuisce invece a McGrath la responsabilità di non aver trovato un produttore giusto dopo "Catholic Boy", cosa che di fatto ha affossato la band.

Lenny Kaye invece, con il suo spiccato accento newyorkese, mi propone - durante una lunga intervista telefonica - una versione dei fatti decisamente più diplomatica:

Ci furono molte ragioni, situazioni, decisioni giuste e decisioni sbagliate dietro a questo... credo che ciascuno abbia cercato comunque di dare il massimo per la band; la questione del tour con i Clash non avrebbe cambiato niente, le ragioni non sono così semplici. Il successo va e viene per ragioni diverse che spesso sfuggono al nostro controllo. E poi penso che tutta la situazione creasse a Jim molta ansia, difficile da gestire. La vita in tournée, gli hotel, ecc., non era una cosa buona per Jim e penso che fosse molto difficile per lui, sai, continuare a viaggiare, la band stava diventando comunque sempre più famosa. Penso che fosse difficile per lui continuare.

Lo stop della JCB, quindi, va anche ricercato nella voglia di Carroll di concentrarsi sulla scrittura, e nella sua difficile adattabilità alla vita da tour. Jim si è sempre sentito un poeta prestato alla musica, non il contrario.

Jim e Lenny sul tour bus durante il tour di "I Write Your Name"
(© Paul Sanchez)

Carroll:[135]
Dopo il terzo album e una volta finito il tour, ho capito che non ne avevo più voglia. Volevo ricominciare a scrivere. Non ho rimpianti né nulla di simile, è stato un periodo fighissimo, davvero. Per tutto quel periodo mi sono sentito un musicista vero, benché non avessi l'atteggiamento del musicista. I ragazzi della band sarebbero rimasti in tour tutti i giorni dell'anno. Mi piace suonare dal vivo ma il tour e tutto quello che c'è intorno... proprio no. Dopo un po' non mi va più di cantare davanti a tanta gente ogni notte. Mi sembra noioso. E non voglio che questo si veda! Quando sono sul palco impazzisco completamente, mi diverto tantissimo, ma quando finisce è come se mi mancasse una parte di me che è troppo grande... un colpo troppo forte da sopportare ogni volta... è stata una fortuna che abbia iniziato col rock abbastanza tardi, perché con tutte le droghe che c'erano a disposizione quando suonavamo mi sarei certamente ucciso se fossi capitato lì in mezzo da giovane! Certe notti davvero non sarei voluto salire sul palco. Non partivo dal presupposto che, comunque andasse, una volta sul palco sarei comunque stato bene e sarei stato fighissimo... Certo, all'inizio suonare in quelle condizioni mi ha risollevato il morale, ma dopo un po', notte dopo notte, concerto dopo concerto, dovevo solo imparare come farlo e come intrattenere la gente, punto. Questo sì che era difficile, non ero a mio agio per niente. E altre notti invece semplicemente non mi andava di salire sul palco, con la gente lì sotto che non aspettava altro che suonassimo, non era più divertente.

---

[135] Dichiarazione rilasciata da Carroll a Suzan Alteri e pubblicata su Real Detroit Weekly il 13 gennaio del 2000.

Per i ragazzi della band sì. A quel punto mi tornò il desiderio di scrivere libri.
Steve Linsley:
Penso che nei primi anni Jim si godette l'energia data dalla celebrità ma la sua sensibilità era quella tipica degli scrittori, non dei musicisti. Aveva bisogno di più quiete e ordine in cui scrivere. Viaggiare danneggiava molto la quotidiana disciplina di Jim nello scrivere. Non mi sorprese per niente che volesse abbandonare il rock and roll e dedicarsi esclusivamente alla scrittura.
Paul Sanchez:
Il gruppo ha fatto un bellissimo percorso ed è stata un'esperienza positiva lavorare con un grande artista. È certamente un'esperienza di vita che porterò con me per sempre...

Uno dei tanti bootleg della Jim Carroll Band

Abbandonata la musica, Jim firma un accordo con la Viking/Penguin per la ri-pubblicazione di "The Basketball Diaries" e per altri due nuovi libri: "Forced Entries" e "The Book of Nods".
"The Book of Nods" ("Il Libro degli Sballi", nda) esce nel 1986 ed è una raccolta di poesie e poemi in prosa. Il libro si divide in quattro sezioni: *The Book of Nods*, *New York City Variations*, *California Variations* e *Poems 1973-1985*. La prima parte tratta essenzialmente degli anni dell'eroina e delle allucinazioni e rivelazioni da lei indotte. Nelle altre tre sezioni, invece, Jim affronta i suoi temi ricorrenti: vita, amore, sopravvivenza, bene, male e religione.

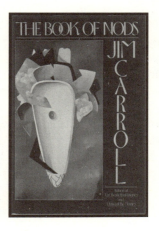

La poesia "Dueling The Monkey" è dedicata a Lou Reed e a sua moglie Sylvia. Per scriverla Carroll prende spunto da un libro di Tai-Chi che Lou gli regala durante il volo di ritorno da un reading che i due hanno fatto insieme.
La versione del libro per il mercato inglese esce insieme all'ennesima ristampa di "The Basketball Diaries", in un unico volume.

Jim viene chiamato a leggere alcuni estratti di "The Book of Nods" durante uno special di Mtv. La serata va alla grande, tanto da far parlare di "poesia rock".
Successivamente viene invitato a Brema, in Germania, dove si esibisce in una performance poetica con Burroughs.
Carroll:[136]
C'era un festival musicale in una città chiamata Brema per un paio di giorni. Ho fatto un reading di poesia una notte. C'era anche Burroughs. È stato interessante. Ho fatto una passeggiata con lui e siamo andati nella parte vecchia della città, ed era come camminare in un altro secolo. Burroughs sembrava molto a suo agio... Non sembrava così fantascientifico, sai? Sembrava vero per una volta. Non è un amico stretto, ma ci piacciamo a vicenda. Mi piacciono i suoi lavori.
Durante la lunga promozione del libro Carroll trova il tempo di firmare il testo per una canzone degli amici Blue Oyster Cult. Il brano si chiama "Perfect Water" e finisce sull'album "Club Ninja".
Nel 1988 esce finalmente l'attesissimo seguito ai diari di basket: "Forced Entries - The Downtown Diaries". Il libro ripercorre il periodo che va dal 1971 al 1973, in cui Jim, ancora schiavo dell'eroina ma già poeta affermato, vagabondava per New York incontrando famosi artisti, tossici, pusher, musicisti, travestiti e gente allucinata. Carroll, più maturo nella scrittura, testimonia uno spaccato di quella storia newyorkese e arte underground che fece grande la città nei primi anni settanta. Nei diari vengono ritratti, a volte celati dietro ad uno pseudonimo, a volte con i loro nomi reali, i vari personaggi incontrati

---

[136] Dichiarazione rilasciata da Carroll al giornalista Karl Irving e pubblicata sul Santa Barbara Daily Nexus del 22 maggio 1986.

da Jim nel suo percorso: Andy Warhol, Paul Morrisey, Bob Dylan, Patti Smith, Larry Rivers, William Burroughs, Allen Ginsberg e tante altre figure di spicco della contro-cultura del periodo. I diari si concludono con un Jim ormai stanco della schiavitù dell'eroina, che lascia le affascinanti tentazioni di New York - vera protagonista del libro - e si trasferisce a Bolinas per disintossicarsi.

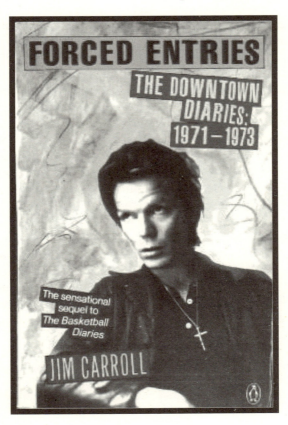

Sempre nel 1988, Carroll torna a fare una puntatina nel mondo della musica, anche se solo come autore. Scrive infatti i testi di tre brani ("What's Number One", "I Don't Hear You" e "Crimes of Passion") che finiscono nel disco "Other Roads" di Boz Scaggs[137].

Il momento produttivo felice non corrisponde a una eguale serenità sentimentale.

Il rapporto con Rosemary lentamente si consuma e i due si separano consensualmente nel 1989. Rimarranno comunque amici, amici stretti. Lei sarà il suo consigliere e il suo avvocato per tutta la vita, restando uno dei suoi punti fermi.

Da questo momento in poi la vita privata di Jim è di difficile ricostruzione. Mentre con i due diari Carroll aveva concesso il suo privato al pubblico, i successivi lavori non saranno altrettanto rivelatori. Attraverso le interviste alle persone che hanno suonato o collaborato con lui sono riuscito a raccogliere solo informazioni frammentarie. Sembra che Jim abbia avuto due figli biologici, un maschio e una femmina.

Il maschio, come mi ha raccontato Cassie Carter - sua assistente e curatrice del sito Catholicboy.com - si chiama Aaron ed è stato concepito accidentalmente nella prima metà degli anni settanta, verosimilmente quando Jim stava a Bolinas, presumo poco prima di incontrare Mary Greer e poi Rosemary. Aaron cresce nell'Oregon con la mamma, sull'identità della quale non mi è stato possibile

---

[137] William Royce Scaggs aka Boz Scaggs (8 giugno 1944). Cantante, songwriter e chitarrista rock-blues americano. Dopo aver militato nella Henry Miller Band, ottenne successo come solista negli anni settanta con l'album "Silk Degrees", che raggiunse il secondo posto nelle charts americane.

raccogliere informazioni più precise, anche se Jim lo vede di tanto in tanto.

Steve Linsley, alla mia esplicita domanda - se avesse mai incontrato il figlio di Carroll, ha risposto: "Aaron? Certo, l'ho incontrato diverse volte". Cassie ha aggiunto che verso la metà degli anni novanta il ragazzo, ormai ventenne, passò spesso dei periodi a casa di Jim a New York. Robert Fitzgerald mi ha raccontato di come Jim una volta abbia pagato la cauzione ad Aaron, che era finito in gabbia per un reato minore, ma che i due non si vedevano molto frequentemente.

Sull'altra presunta figlia avuta da Carroll si sa poco e niente. Sempre Cassie mi ha scritto in una mail che Jim venne a conoscenza della nascita della bambina solo in un secondo momento e che, a quanto ne sa, è stata data in adozione.

Jim e Rosemary nei primi anni Ottanta
(© Paul Sanchez)

THE NINETIES

...And out come the wolves
Their paws trampling the snow
The alphabet
I stand on my head and watch it all go away[138]

Jim Carroll
Tratto dalla canzone "Junkyhead"

---

[138] E i lupi vengono fuori/ le loro zampe calpestano la neve/ l'alfabeto/ Io sto a testa in giù e guardo tutto questo andare via.

9.

Gli anni novanta si aprono per Jim in maniera molto produttiva. Registra la poesia "Guitar Vodoo" accompagnato dalla chitarrista Tamela Glenn per l'album di spoken words "Sound Bites from the Counter Culture", che esce con la Atlantic nel 1990. Insieme a lui partecipano alla compilation Hunter S. Thompson, Timothy Leary[139], Abbie Hoffman[140], Henry Rollins e tanti altri nomi illustri.

Jim e Tamela non solo si esibiscono insieme ma fanno coppia fissa pure nella vita.

Carroll sembra essere tornato definitivamente alla poesia, anche se la tratta in maniera diversa, portandola in giro, grazie ai suoi reading, come una performance rock.

Si esibisce in tutti gli States con parecchi volti noti, come Lou Reed e Marianne Faithfull[141], con la quale tiene una serie di spettacoli al Bottom Line nel 1990.

Carroll:[142]

Ho fatto questi reading con Marianne Faithfull al Bottom Line. Sei spettacoli con noi due. Lei gironzolava intorno al Naropa Institute. Era coinvolta in una grande reunion tipo beatnik che si teneva lì. Un gigantesco reading in

---

[139] Timothy Leary (22 ottobre 1920 - 31 maggio 1996). Scrittore e psicologo statunitense, noto per il suo attivismo in favore dell'uso delle droghe psichedeliche.

[140] Abbot Hoffman detto "Abbie" (30 novembre 1936 - 12 aprile 1989). Attivista politico statunitense, esponente della sinistra radicale. La sua figura è divenuta un simbolo della ribellione giovanile degli anni settanta.

[141] Marian Evelyn (Marianne) Faithfull (29 dicembre 1946). Cantante e attrice britannica. Ex compagna di Mick Jagger.

[142] Dichiarazione rilasciata da Carroll al giornalista Frank Andrick e pubblicata su Back Beat del 1991.

Kansas, in cui ero coinvolto anch'io. Era la prima volta che ci vedevamo da anni, da quando avevamo lavorato insieme sulla colonna sonora del film "Tuff Turf". Ci troviamo bene insieme, quindi parlammo di fare degli spettacoli. Lei era al Naropa a tenere una specie di corso per scrivere canzoni, era con gente come Burroughs, che le piaceva ma non lo conosceva bene. E io conoscevo tutta questa gente, ero molto vicino a Burroughs e Anne Waldman, Dennis Berge, e il resto delle persone al Naropa... avrei dovuto fare quegli show al Bottom Line e pensai: "Li farò con Marianne Faithfull - Yeah. Sarebbe grande!".

Mi sono divertito davvero molto a fare quegli spettacoli. Uno dei tizi dalla Giant Records venne da me allo show e disse: "Fanculo fare album di rock and roll, facciamo un album di spoken words!" perché gli era piaciuto tanto. E poi ricevetti questa telefonata dalla Island Records, che è la casa discografica di Marianne. Volevano fare un album tipo quelli che fanno con gente come Burroughs e Ginsberg. Quando parlai con loro volevano prendere qualche musicista e iniziarono a parlare di produttori e cazzate. Pensai che se dovevo avere di nuovo a che fare con tutto questo, tanto valeva fare un album rock and roll. Quindi me ne chiamai fuori. Un giorno mi piacerebbe registrare e organizzare un po' di serate a fare spettacoli con Marianne. È stato veramente fantastico.

Jim non si esibisce solo con la Faithfull e l'amico Lou Reed ma anche con la poetessa punk Lydia Lunch e l'ex cantante dei Black Flag, Henry Rollins, diventato nel frattempo scrittore ed editore. Non sempre le cose vanno bene.

Carroll:[143]

Ho fatto un mini-tour nella West Coast con Rollins, apriva lui, ma ha letto per tre fottute ore! Voglio dire, è abbastanza duro, specialmente per quelli che non sono abituati alla poesia, alla "spoken word", manda veramente a puttane l'attenzione. So di non poter ascoltare nessuno per tre ore. Trovo duro persino restare ad un intero concerto di Springsteen.

Dopo un po' i promoter avrebbero semplicemente iniziato a tirare via l'attacco del microfono eccetera, ma aveva una voce talmente roboante che sarebbe andato avanti lo stesso. Lo trovai maleducato, in un certo senso. Quando qualcuno legge dopo di te, dovresti pensarci.

Una notte, a San Jose, Jim non ce la fa più. Il giorno dopo deve tornare a Los Angeles e alzarsi molto presto. Allora va da Rollins e gli dice: "Ascolta, dobbiamo tornare a Los Angeles stanotte, quindi ti dispiacerebbe fare in fretta?". Henry con aria corrucciata e voce bassa risponde: "Ok, va bene, sei tu il capo".

Carroll:[144]

Sembrava un po' stizzito. In ogni caso, pare che lui sia su altri livelli ora, al punto che può leggere per ultimo, quindi non ha importanza quanto va avanti.

Ho scritto una mail a Rollins per chiedere la sua opinione su quel tour ma mi ha risposto di non avere voglia di parlarne, augurandomi comunque buona fortuna per il libro.

---

[143] Dichiarazione rilasciata da Carroll al giornalista Frank Andrick e pubblicata su Back Beat del 1991.

[144] Dichiarazione rilasciata da Carroll al giornalista Frank Andrick e pubblicata su Back Beat del 1991.

Eccezionale è invece la serie di show organizzata dal promoter Robert Fitzgerald nelle Università, che vede Jim come headliner e Professor Griff e Don Bajema ad aprire. Griff è da poco stato allontanato dal gruppo rap dei Public Enemy per aver rilasciato dichiarazioni antisemite e omofobiche ai giornalisti. È un momento caldo per lui e i suoi reading, che alternano rap e poesia, richiamano parecchia gente.
Don Bajema è invece uno scrittore, attore e poeta incredibilmente dotato, autore di due libri ("Boy in the Air" e "Reach") pubblicati dalla 2.13.61, la casa editrice di Henry Rollins.
Don è un lettore incredibile che sa coinvolgere il pubblico come pochi altri, tanto che molti poeti si rifiutano di leggere dopo di lui per evitare brutte figure.
Jim di queste cose se ne frega e gli show vanno alla grande.
Dopo un riuscito reading dei tre al Fredonia State Collage, Jim, Fitzgerald e Don vanno a cena mentre Griff si unisce a un gruppo locale di studenti della Black Student Union.
Come racconta Fitzgerald sul suo blog di MySpace, la conversazione a tavola fra i due poeti è interminabile.
Vanno avanti per ore a parlare di Burroughs, della scrittura creativa e del fatto che entrambi sono molto meglio di Henry Rollins. Quando salgono sull'auto che li riporta in albergo la conversazione non si è ancora interrotta. E anche arrivati nella hall continuano a parlare. E poi nell'ascensore. Alla fine un esasperato Robert Fitzgerald, per tagliare quell'interminabile sproloquio interrompe i due e chiede a bruciapelo a Jim: "Ok Jim, ora lascia stare tutte quelle stronzate del "niente è vero" e dimmi: che persone famose ti sei veramente scopato?".

Jim non si fa prendere in contropiede e risponde di getto: "Bene, c'è stata Shelley Duvall[145]... e poi mi sono scopato Jane Fonda[146] al Chelsea Hotel quando era sposata con Gore Vidal... e ovviamente c'è stato Nureyev".

A quel punto la porta dell'ascensore si apre al piano di Jim; Carroll come se niente fosse, conferma l'appuntamento per l'indomani, saluta e si chiude in camera mentre Robert e Don, simultaneamente, come in una sitcom, ripetono basiti: "*Nureyev?*".

Memorabile poi il reading tenuto con Allen Ginsberg alla conferenza anti censura del Hyatt Hotel di Buffalo, nel 1990. Una folla di spettatori, quasi tutti letterati e accademici, aspetta nervosamente Jim che però non si trova. Uno degli organizzatori va a cercarlo e lo incrocia al bar che sorseggia tranquillamente una birra. Viene trascinato sul palco dove legge alcuni estratti da "The Basketball Diaries". Sul finire del reading, forse infastidito dalla presenza di troppi letterati in sala, Jim canta senza accompagnamento "I Want an Angel". Quindi saluta tutti e se va.

Dopo tutto il tempo passato in giro per il paese portando in giro la poesia come fosse una performance rock che succede? Succede quello che capita spesso alle performance rock. E cioè finire sui dischi sotto forma di riusciti live. E così fa Jim.

Nel 1991 esce infatti con la Giant Record il disco di spoken words "Praying Mantis", contenente le

---

[145] Shelley Alexis Duvall (7 luglio 1949). Attrice statunitense. Nota per l'interpretazione della moglie di Jack Nicholson nel film "Shining".
[146] Jane Seymour Fonda (21 dicembre 1937). Attrice e produttrice cinematografica statunitense. Ha vinto due volte l'Oscar come miglior attrice, nel 1972 ("Una Squillo per l'Ispettore Klute") e nel 1979 ("Tornando a Casa").

registrazioni di un reading tenuto da Carroll alla St.Marks Church. Poesia nuda, solo la voce ipnotica di Jim senza alcuno strumento ad accompagnarla. Un progetto decisamente suggestivo.
Carroll:[147]

Incontrai un tipo della Giant a New York, era un amico di Lenny Kaye. Lui parlò con la mia ex moglie, Rosemary, che è anche il mio avvocato. Suo padre era proprietario della compagnia per cui aveva registrato Wilson Phillips. Era il tipico fan di Jim Carroll che ama "The Basketball Diaries" e "Catholic Boy", un ragazzo ricco di Long Island. Voleva fare un album rock e io gli dissi: "Che ne pensi invece di un disco di spoken word?". Così partì la cosa. Il disco fu registrato principalmente dal vivo alla St. Mark's Church, anche se una parte fu incisa in studio, a Los Angeles.

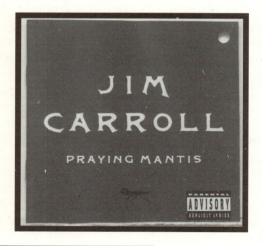

---

[147] Dichiarazione rilasciata da Carroll a Frank Andrick e pubblicata su Back Beat del 1991.

"Praying Mantis" contiene alcuni tra i migliori scritti di Carroll. La criptica personalità di Jim ben emerge attraverso il rapporto che ha con il pubblico. È una soluzione perfetta per quelle persone che non riescono a entrare in una poesia vedendola ferma sul foglio stampato. La sua voce tesa come una corda riesce a creare un legame diretto tra il pubblico e il poeta, regalando lampi di pathos in versi.

In "For Elizabeth", ad esempio, ossessiva ode dedicata a un'amica, tornano le ormai familiari tematiche di Carroll. Elizabeth era una bassista punk di San Francisco, morta di eroina nel 1981 a soli sedici anni.

Notevoli anche i versi della poesia "To the National Endowement of Arts", dove l'ironia di Carroll trova un bersaglio in tematiche di attualità: "It's a fact that before his death Robert Mapplethrope placed thirty-six custom cameras with automatic timers set to last up to nine years discreetely in various bedrooms of your boards members of your congressmen of your senators of your cabinet of your fantasies your well-kept hidden lust and impotence [148]".

A conti fatti questa corta invettiva contro l'establishment conservatore centra in pieno il suo obiettivo, portando alla luce l'ipocrisia tanto disprezzata da Carroll (che non si è mai preoccupato di fare domanda al NEA - il Sovvenzionamento Nazionale per le Arti e la Ricerca americano - per ottenere una borsa di studio, nda).

---

[148] "È un dato di fatto che prima della sua morte Robert Mapplethrope piazzò 36 telecamere, con timer automatici impostati in modo da durare fino a nove anni, discretamente, in varie camere da letto dei vostri membri del comitato, dei vostri uomini del congresso, dei vostri senatori, del vostro governo, delle vostre fantasie che avevate tenuto ben celate, lussuria e impotenza".

C'è sempre un margine di fatalismo negli scritti di Jim ma è spesso temperato da frecciatine riservate a qualunque istituzione politica e sociale, comprese quelle a cui lui stesso è vicino.
"Tiny Tortures", brano in prosa selezionato da "Forced Entries", racconta invece di come il nostro riempì il suo spazietto di tre minuti scarsi durante una stupida e pretenziosa rassegna di performance artistiche. Senza battere ciglio disse: "Ho accantonato l'idea di bollire un uovo perché in tre minuti non c'è abbastanza tempo". Jim tira fuori uno scarafaggio e lo uccide con una bomboletta di DDT sotto gli occhi inorriditi del pubblico e degli organizzatori della stupida rassegna.
Lo stile di lettura di Carroll, così particolare, si adatta perfettamente alle poesie di "Praying Mantis". La sua voce dona ai versi un'urgenza e un'energia paranoica capaci di travolgere l'ascoltatore.
Sempre nel 1991 le poesie di Jim: "Dyoxin", "Methadone Maintenance Program-Mt. Sinai Hospital", "Poem" e "Fragment: Little N.Y. Ode" compaiono nell'antologia "Out of This World: The Poetry Project at St. Mark's Church-in-the-Bowery, An Anthology 1966-1991", curata da Anne Waldam.
Un altro progetto vede la luce nello stesso anno, anche se Jim vi è coinvolto in piccola parte. Si tratta dell'album "Between Thought and Expression: The Lou Reed Anthology" di Lou Reed, dove Carroll fa i cori in alcune canzoni.
Nel 1993 esce invece per la Penguin il libro "Fear of Dreaming - The Selected Poems of Jim Carroll". Si tratta di una sorta di *best of* - per usare un termine discografico - degli scritti pubblicati da Jim, con l'aggiunta di alcuni lavori inediti.

Il libro contiene tutte le poesie di "Living at the Movies", la maggior parte di "The Book of Nods", più una serie di inediti intitolati "New Work 1989-1993". Fra questi spicca un racconto breve, "Curtis'sCharm", che qualche anno dopo diventerà un film.

"Fear of Dreaming" è un allucinato viaggio nel cuore e nella mente di Jim Carroll. Il lavoro di un artista difficilmente classificabile, un artista dotato di una scrittura efficace quanto evocativa e suggestiva.
Sempre in quell'anno, durante i cambi di set dei concerti del Lollapalooza, viene proiettato un video con Jim che legge la poesia "For Elizabeth". L'autore delle riprese è Jesse Dylan, figlio di leggenda Bob e grande fan dell'opera di Carroll.
Un altro progetto che coinvolge il nostro nel 1993 è il tribute album dedicato al noto cantante e musicista afro-americano Don Covay, intitolato "Back to the Streets: Celebrating the Music of Don Covay". Carroll appare nel

disco (insieme, fra gli altri, a Iggy Pop, Ron Wood e Mick Taylor) interpretando il pezzo "Long Tall Shorty".
La Rhino Records nel frattempo fa uscire "A World Without Gravity", un *best of* che racchiude il meglio dei tre dischi registrati dalla Jim Carroll Band, ormai di difficile reperibilità.
Scrive Lenny Kaye nel booklet interno al cd: "Essere un poeta è esaltante. Fare musica è esaltante. Ma riuscire a fare entrambe le cose vuol dire essere benedetti".
Il disco ottiene un discreto successo anche se, secondo me, la selezione dei brani non rispecchia il meglio della produzione della band. Ecco la tracklist:

People Who Died (da "Catholic Boy")
Work Not Play (da "Dry Dreams")
Differing Touch (inedita)
It's Too Late (da "Catholic Boy")
Wicked Gravity (da "Catholic Boy")
I Want the Angel (da "Catholic Boy")
Them (da "Dry Dreams")
City Drops Into the Night (da "Catholic Boy")
Dry Dreams (da "Dry Dreams")
Jealous Twin (da "Dry Dreams")
Plain Division (da "I Write Your Name")
Voices (da "I Write Your Name")
Lorraine (da "Dry Dreams")
(No More) Luxuries (da "I Write Your Name")
I Write Your Name (da "I Write Your Name")
Love Crimes (da "I Write Your Name")
Catholic Boy (da "Catholic Boy")
Day and Night (da "Catholic Boy")

Se il miglior disco della Jim Carroll Band, "Catholic Boy", è ampiamente rappresentato con tutti i suoi cavalli di battaglia - così come l'ultimo, "I Write Your Name" - la scelta dei pezzi tratti da "Dry Dreams" è alquanto discutibile. Canzoni come

"Joy", "Barricades", "Rooms" e la splendida "Still Life" meritavano sicuramente di far parte della raccolta, a discapito magari di passaggi musicalmente meno felici come "Jealous Twin", "Them" e "Plain Division".

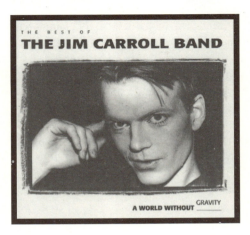

L'anno successivo il gruppo grunge al femminile delle 7 Year Bitch coverizza "It's too Late" nel fortunato disco "Viva Zapata".
Carroll sembra vivere una seconda giovinezza artistica, passa da un progetto all'altro e trova così tante porte aperte da non ricordarsi quali chiudere e quali no.
A un giornalista che gli chiede se tutta questa produttività sia figlia del suo definitivo allontanamento dalle droghe, Jim risponde:[149]
Ceeeeerto! Non riesco neanche più a fumare erba. Sono sette anni che non mi faccio una canna e mi manca, penso che l'erba sia una buona droga... Ma non riesco

---

[149] Dichiarazione rilasciata da Carroll allo scrittore Clark Perry nel 1993 e pubblicata sul suo blog clarkblog.typepad.com

più a fumarla. Qui a New York è tutto così paranoico e veloce. Quando ero in California, cazzo sì, era proprio figo, tutto era così lento, ero in città col mio cane. Solo che ogni tanto mi prendeva una paranoia da farmi cagare sotto.

Nell'aprile del 1994, il leader dei Nirvana, Kurt Cobain, si suicida nel capanno adiacente alla sua casa di Seattle, sparandosi un colpo di fucile in faccia. La cosa tocca Jim su diversi piani. È impossibile non notare analogie fra Cobain e Carroll. Entrambi passati attraverso la schiavitù dell'eroina, entrambi complessi, sensibili e geniali. Entrambi artisti fuori dagli schemi. Inoltre, Rosemary è pure l'avvocato di Kurt e di sua moglie, Courtney.

I due si erano incontrati un paio di volte in precedenza. Carroll:[150]

L'ho incontrato un paio di volte e non era certamente un tipo a cui piaceva stare in mezzo alla gente. Era una persona difficile da conoscere veramente.

Non so se si possano paragonare le sue esperienze alle mie. Voglio dire, lui era una grande rock star quando c'è finito dentro veramente mentre io ero solo un ragazzo per le strade.

Quando facevo rock'n'roll mi succedevano le stesse cose, perché succedono, tipo che le persone mi offrivano eroina continuamente. Mi offrivano colla da sniffare. Pensavano che la mia vita stesse proseguendo dall'ultima pagina dei "Basketball Diaries" e che io fossi ancora in quella situazione. Se mi fossi fatto tutta la roba che questa gente mi offriva, beh, sarebbe stato difficile restare vivo.

---

[150] Dichiarazione rilasciata da Carroll alla giornalista Marlene Goldman e pubblicata su Rolling Stone dell'otto gennaio del 1999.

Jim scrive una lunga poesia dedicata a Cobain, intitolata "8 Fragments for Kurt Cobain", che legge durante uno special di MTV dedicato al frontman dei Nirvana.
Carroll:[151]
La mia ex moglie era la legale di Kurt e la madrina dei suoi figli ed era anche l'avvocato di Courtney, e uhm... E io sapevo che lui aveva già cercato di uccidersi a Par... a Roma; sapevo che non era roba che c'entrava con prescrizioni di farmaci. Quindi non mi sorprese, ma in un certo senso sì... Eddie Vedder andò fuori di testa per questo, quindi provai a parlare con lui. Era in tour a Washington... iniziai a scribacchiare dei versi mentre stavamo parlando, cavandoli fuori da quello che ci stavamo dicendo. E poi li ho riguardati un paio di giorni dopo, una domenica, e ne ho scritti ancora un po', e al lunedì mattina li ho ripresi ed erano abbastanza buoni. Quindi ne ho scritti ancora quanti potevo, e poi li ho messi insieme.

Successivamente la poesia verrà pubblicata anche sulle pagine del New York Times.
Durante un'intervista condotta dal giornalista Frank Di Costanzo, a Jim viene chiesto un commento sul martirio volontario di certi artisti, che quasi cercano la morte come ultima strada per la glorificazione della propria arte.
Carroll:[152]
Se tu la pensi in quel modo puoi dirigere il tuo percorso in quella direzione... Ma la domanda è: cosa ne ricaveresti? E poi, la morte come ricompensa per una

---

[151] Dichiarazione rilasciata da Carroll al giornalista Jason Knowles e pubblicata su BG24 News del 20 febbraio 1996.
[152] Dichiarazione rilasciata da Carroll ai giornalisti Frank DiCostanzo e Michael Workman e pubblicata sul Lumpen Times dell'8 maggio 1999.

vita di successi... no no no! La morte fa schifo... Non me ne frega un cazzo della vita di successi o di fallimenti o di quello che ti pare... voglio solo vivere qui, vedere che succede e continuare così. Non voglio che la morte sia una ricompensa per una vita di successi. La morte, beh cazzo, muori, ecco tutto. Se la pensi così devi fare tutto in modo che... ma vedi, alla fine io penso, ogni volta che pubblico qualcosa, che sarà il mio lavoro migliore. È proprio ciò che dico nella poesia su Kurt Cobain, in un certo senso è un modo di pensare sfrontato. Mi ricordo di una bellissima recensione di "Catholic Boy" sul Creem Magazine, parlarono molto e bene del disco: questo anche perché "The Basketball Diaries" era stato appena pubblicato nell'edizione economica, per il mercato di massa insomma. Vedendoli uscire contemporaneamente, pensavano che fosse una specie di rinascita o cose del genere. E dicevano appunto, se l'autore morisse ora, ci sarebbe questa bella eredità che ci sta lasciando... non è che ci creda molto, ma se muori... vorrei morire un po' meglio, vorrei che fosse molto mistico, con un sacco di voci di corridoio che circolano sulle circostanze del decesso... per esempio, come è successo a Jim Morrison. Insomma, sembra che sia stato tutto architettato. Amo il suo modo di cantare e mi piacciono molto i suoi testi. Ma alla fin fine penso che fosse un pessimo cantante, tuttavia aveva... aveva un gran senso poetico, sapeva proprio scrivere bene. Ma, prendendo il suo caso, devi anche scegliere il momento giusto per morire, no? E questo è un bel po' stupido. Come disse Frank O'Hara: "Si dovrebbe morire per l'amore, non per la poesia".

10.

Nel 1995 Jim torna prepotentemente alla ribalta agli occhi del grande pubblico grazie al film "The Basketball Diaries" (in Italia "Ritorno dal Nulla", nda), interpretato dagli attori Leonardo di Caprio (nel ruolo di Jim) e Mark Wahlberg.

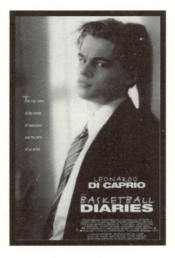

Il film, prodotto da Liz Heller e John Bard Manulius per Island Pictures, costa quattro milioni di dollari ed è diretto da Scott Kalvert, giovane regista newyorkese. Di Caprio ottiene la parte, che per anni era stata contesa da molti giovani attori, inclusi River Phoenix, Ethan Hawke e Eric Stolz.
Il progetto ha una gestazione lunghissima. Si inizia a parlare di un adattamento cinematografico dei "Basketball Diaries" già nel 1980. Sembra che i diritti vengano acquistati dalla Sundance e che Robert Redford sia interessato al film, ma poi non se ne fa nulla. Si parla per parecchio tempo di Matt Dillon come protagonista e

John Cassavetes[153] alla regia. Tra l'altro Carroll e Dillon diventano amici e, quando qualche anno più tardi l'attore otterrà il ruolo del tossicomane Bobby Hughes nel film "Drugstore Cowboy" di Gus Van Sant, Jim gli darà alcuni consigli sull'interpretazione.
Carroll:[154]
Il suo manager era un po' schizzinoso e non voleva che girasse un film così indecente, ma poi gli ha fatto fare "Drugstore Cowboy", ah, ah, ah.
Quindi si fa avanti la Columbia Pictures, che sembra voler far sceneggiare il film a Jeff Fiskin (quello di "Cutter's Way[155]", nda) e assegnare la parte di Jim all'attore Anthony Michael Hall. Dopo una serie di trattative, però, anche questa opzione sfuma.
Alla fine Liz Heller, vicepresidente della Capitol Record e grande fan di Jim, si adopera per riuscire a finanziare la pellicola.
Va dal capo della Island, Chris Blackwell, e gli propone il progetto. Blackwell, che oltre ad aver scoperto Bob Marley, gli U2 e Tom Waits se ne intende pure di cinema, si entusiasma per l'idea e mette a disposizione quattro milioni di dollari per la realizzazione del film.
A quel punto Heller contatta il regista Scott Kalvert, che aveva conosciuto anni prima quando lavorava alla Columbia, e gli propone la direzione.

---

[153] John Cassavetes (9 dicembre 1929 – 3 febbraio 1989). Regista, sceneggiatore e attore statunitense. Attivo nel campo cinematografico, teatrale e televisivo, è stato uno dei primi registi indipendenti.

[154] Dichiarazione rilasciata da Carroll allo scrittore Clark Perry nel 1993 e pubblicata sul suo blog clarkblog.typepad.com

[155] Cutter's Way (in Italia il film uscì con il titolo "Alla Maniera di Cutter"). Thriller del 1981, interpretato fra gli altri dagli attori Jeff Bridges, John Heard e Lisa Eichhorn.

Kalvert, 30 anni, nato e cresciuto a New York, è un grande fan di Carroll. Non ha importanti esperienze cinematografiche alle spalle, avendo lavorato essenzialmente come filmaker di musicisti quali Cindy Lauper, Guns N'Roses, Bad Religion e Marky Mark[156].
Kalvert:[157]
Ho letto il libro quando avevo quindici anni e spesso mi immedesimavo in esso. Era come leggere "Catcher in the Rye" ("Il Giovane Holden", nda).
Trovati finanziatore e regista, Heller assume Bryan Goluboff, altro devoto fan di Carroll, per la sceneggiatura.
Jim stesso collabora alla stesura dello script, proponendone ben dodici versioni diverse. Tuttavia Carroll non partecipa alle riunioni sul film e visita di rado il set. Eccezione fatta per le giornate in cui deve recitare il suo cameo: appare infatti brevemente nel film nei panni del tossicomane Frankie Pinewater, che parla al protagonista del rapporto fra eroina e Chiesa.
Leonardo Di Caprio:
Jim è uno dei ragazzi più cool che io abbia mai conosciuto… le droghe, vivere per la strada, la solitudine… ha toccato gli abissi più profondi ma sopravvive. È un miracolo che cammina.
Alla fine delle riprese il giudizio del nostro sul film è nettamente diviso. Jim si esprime in termini lusinghieri nei confronti di Leonardo Di Caprio e Mark Walberg, un po' meno nei confronti di Scott Kalvert.

---

[156] Prima di intraprendere la carriera di attore, Mark Wahlberg, con lo pseudonimo di Marky Mark, ottenne un discreto successo come rapper.
[157] Dichiarazione rilasciata da Kalvert alla giornalista Claudia Eller e pubblicata sul Minneapolis Star Tribune del 30 gennaio 1995.

Carroll:[158]
Ho avuto dei problemi con il regista del film. Era un regista di video musicali per MTV. Continuava a ripetere quanto gli piacesse il mio libro. Mi disse che potevo modificare il libro come volevo per meglio adattarlo ad una trasposizione cinematografica. Ma tutto questo prima che iniziasse a girare.
Continuava a dire che i miei album e il mio libro avevano cambiato radicalmente la sua vita, ma appena si mise dietro alla cinepresa mi chiesi: dove è finita tutta questa passione? Non c'era niente di letterario in ciò che faceva e tutto era così trito e ritrito... Mi piaceva il copione, su carta, ma lui lo ha mandato del tutto a puttane con la sua preoccupazione per le riprese. Non avrebbe fatto nessun cambiamento, e io ne ho proposti solo un paio una volta che abbiamo iniziato a girare. Ho semplicemente intuito dei modi in cui avremmo potuto far trapelare alcuni aspetti della personalità del personaggio, perché non è che se ne capisse molto, lo vedevi solo scribacchiare sul suo blocco roba su dove stava andando attraverso la sua poesia; e io conoscevo modi in cui avremmo potuto ovviare a questo problema. Ma sto ragazzo non ci arrivava. Ci fu una notte in cui esplosi veramente con quel tizio, e Leo effettivamente mi diede man forte e lasciò il set, ma si fece semplicemente una crème brulée e poi tornò. Una volta perso il suo appoggio, la mia influenza precipitò.
Non è che, ad esempio, "Trainspotting" mi abbia proprio trascinato, ma era decisamente meglio... In "The Basketball Diaries" un aspetto importantissimo è stato

---

[158] Dichiarazione rilasciata da Carroll al giornalista Louise Touch e pubblicata sul Hudson Current dell'otto marzo 2001.

lasciato fuori, quello della questione del "figlio della guerra". Non hanno voluto ambientarlo nel passato: l'hanno ambientato in un "non-tempo", che la gente interpreta come il presente. Il fatto è che tutta la caratterizzazione del personaggio, ovvero il suo fatalismo, il senso di sconfitta, il fregarsene se domani scoppia una bomba perché, beh, a quel punto non me ne frega nulla di sopravvivere, quel senso di precarietà che mi faceva credere che non sarei arrivato a 20 anni, è quello che mi ha fatto iniziare a drogarmi (anche perché odiavo bere e per fortuna ho trovato qualcos'altro che mi piacesse). Per questo il personaggio è così. Dopo la scena in cui si butta nel fiume, poi, diventa tutto molto oscuro. Le cose non sono cattive come sembrano. Se ti fai d'eroina non significa che tu sia sporco in faccia. Quando ho recitato il mio cameo mi hanno truccato sporcandomi tutta la faccia...
Jim è molto critico anche sul finale del film, che ritiene inaccurato e assai poco originale.
Carroll:[159]
Il finale del libro era meravigliosamente ambiguo, non sapevi se il protagonista stava andando a perdersi nella droga o sceglieva la poesia. L'hanno stravolto completamente, facendolo finire con l'immagine pomposa di questa persona che dopo un reading di poesie tutto gli va bene. Sembra un incontro del Sert! Sarebbe stato meglio se mi avessero ammazzato e buonanotte. Ma se solo un minuto prima era un disgraziato! Non funziona per nulla e a me fa schifo, ma chi se ne frega.

---

[159] Dichiarazione rilasciata da Carroll alla giornalista Louise Thach e pubblicata sul Hudson Current dell'8 marzo 2001.

Sulla performance degli attori, Carroll dice al giornalista Spyder Darling per la rivista NY Rock:
Non avevo visto "This Boy's Life" (in Italia "Voglia di Ricominciare", nda), *nel quale Di Caprio recitava con De Niro, né tantomeno "What's Eating Gilbert Grape?"* ("Buon Compleanno Mr. Grape", nda) *per il quale aveva ricevuto una Nomination all'Oscar... così ero un po' perplesso quando mi dissero che Leonardo Di Caprio era nel film. Ma quando lo vidi recitare cambiai completamente la mia opinione. Pensai: "Oh, questo ragazzo è perfetto!"... Più il film andava avanti, più pensavo che Marky fosse fantastico e che Leo fosse perfetto per quella parte.* Marky *era il più simile alle persone con cui ero abituato a lavorare rispetto a tutti gli altri attori. E poi fu Marky Mark a creare Leo Frankenstein e a fargli conoscere la vita notturna di New York, e così Leo andò fuori di testa!... Una volta sono uscito con lui e non sono riuscito a stargli dietro per un secondo.*

Il film, a onesto parere di chi scrive, non è poi così male. Duro, scarno, elettrico, eccezionale nel fotografare la tribù di junkie metropolitani di New York che sfogano la loro rabbia correndo dietro al nulla. La performance di Leonardo Di Caprio è eccellente, dimostrando come il divo di "Titanic" dia il meglio quando è chiamato ad interpretare antieroi borderline - vedi il ragazzo ritardato di "Buon Compleanno Mr.Grape" o il poeta Arthur Rimbaud in "Poeti all'Inferno".

Di contro, il film cerca di inquadrare la complessa storia personale di Carroll in un semplice viaggio per l'inferno con felice ritorno, quando così non è stato. Inoltre la pellicola si sofferma poco sull'attività poetica di Jim e il suo percorso di scrittore, così rigoglioso in quegli anni, viene poco sviluppato. Le scene riprodotte sullo schermo sono poco aderenti al libro e, talvolta, addirittura lo snaturano.

La colonna sonora è azzeccatissima, con brani di P.J. Harvey, Soundgarden, Doors, Jim Carroll Band, e impreziosita da una robusta versione di "Catholic Boy" suonata dai Pearl Jam con Jim alla voce.

In principio il supervisore delle musiche del film, la signora Karen Rachtman, vuole che siano solo i Pearl Jam, con Eddie Vedder alla voce, a registrare la canzone. Ma il gruppo di Seattle pretende che sia Jim a cantare. E Carroll accetta. Il pezzo viene registrato live in studio e Eddie suona la chitarra ritmica.

Carroll:[160]

Eddie era un chitarrista decisamente migliore di quanto pensassi. Il problema di registrare in quel modo è che devi veramente cantare al massimo ad ogni take... la mia voce era fuori forma, non riuscivo ad andare oltre il sesto take... l'unico rimpianto è che avrei dovuto raddoppiare le parti vocali in alcuni punti per farla un po' diversa dall'originale.

Per il film, Jim scrive anche alcune canzoni inedite con Robert Roth, il leader dei Truly - supergruppo grunge di Seattle formato da Hiro Yamamoto (ex bassista dei Soundgarden) e Mark Pickerel (ex batterista degli Screaming Trees). Robert e Jim si incontrano grazie a Rosemary, che è l'avvocato della band.

Robert Roth:

Ero un grande fan e sentivo molta connessione con lui. Rosemary pensava che avremmo lavorato bene insieme. Scrivevo ritratti musicali e cercavo di portare un po' di

---

[160] Dichiarazione rilasciata da Carroll alla giornalista Jackie McCarty e pubblicata su Seattle Weekly del 12 e 18 novembre 1998.

sensibilità letteraria nella scena di Seattle post punk-grunge. Lui era un vero maestro e stava al livello zero di dove la voce letteraria americana incontrava il punk rock. C'era questa forza di un artista e della sua visione, ma anche una certa vulnerabilità nell'essere soffiato qua e là dal vento anche quando la tua testa sta sempre sugli alberi. Lo chiamai un paio di giorni dopo, ci piacemmo da subito e finimmo per parlare al telefono per un paio d'ore. Jim amava parlare, quindi io continuavo a mettere quarti di dollaro nella macchinetta e lo avrei assillato con più e più domande...
Per la maggior parte del tempo, mi rotolavo dal ridere, perché Jim era molto divertente. Aveva centinaia di storie che erano collegate a praticamente qualsiasi argomento uscisse nella conversazione, e portavano ad affascinanti e irresistibili vicoli ciechi che ti lasciavano lì sulla porta d'ingresso. "Alan", "Keih", "Lou", "Patti", o persone o momenti del suo tempo a Bolinas, o da "The Basketball Diaries" e "Forced Entries".
Negli anni ho imparato un sacco da lui sulla letteratura, la storia dell'arte e i vecchi poeti Rilke, O'Hara, o scrittori beat meno conosciuti. Mi ha sempre detto di avere una memoria come carta moschicida... cioè non è che avesse una memoria precisa al 100%, ma comunque molto buona. Non così tanto sul breve periodo, ovviamente, ma per gli eventi del passato, che rendevano la sua narrazione vivida e i suoi argomenti infiniti.

I due scrivono e registrano due canzoni inedite ("Falling Down Laughing" e "Hairshit Fracture") per la colonna sonora del film. Robert si occupa della musica, registrando la base a Seattle con il suo gruppo, e Jim delle parole, che vengono incise a New York in compagnia del fido Lenny Kaye.

Sfortunatamente le canzoni non vengono incluse nella colonna sonora. Karen Rachtman non ama la voce di Jim e vuole riempire la soundtrack con "facce fresche" per vendere il CD ai ragazzini - che accorrono al cinema a vedere Leo Di Caprio strafatto di roba. La Rachtman confessa candidamente a Rosemary di non aver mai letto il libro e di non aver mai ascoltato alcun pezzo di Jim.

Come mi confida Robert Roth in una mail, nella soundtrack un tot di artisti vengono inseriti per ricambiare favori a diversi manager ed etichette discografiche.

Secondo Jim, Karen Rachtman ottiene il lavoro come supervisore della musica solo perché aveva le licenze legali delle canzoni usate in "Pulp Fiction" di Tarantino.

Da allora, comunque, Carroll diventa una specie di consigliere sui testi dei Truly e collaborerà spesso con loro.

Robert Roth:

Quando con i Truly volai a New York City nell'autunno del '94 per mixare il nostro album di debutto con la Capitol Records, "Fast stories... from Kid Coma", Jim e io prenotammo un piccolo studio di Brooklyn per registrare le sue parti vocali su "Hairshirt Fracture". Dopo l'atterraggio e prima ancora di raggiungere la mia band all'hotel mi precipitai ad un telefono pubblico e chiamai Jim. Mi ricordo che chiese se potevo "sentirla", e io chiesi: "sentire cosa?".

E lui disse "la spirale di energia che esiste su Manhattan". Mi disse che dopo 44 anni era ancora troppo per lui da sopportare, e questa era una delle cose che avevano fatto sì che si drogasse e che avesse dovuto lasciare New York negli anni '70, e che questa energia ancora lo svegliava la notte. Quel costante ronzare della

città. Disse che per la pace della sua mente avrebbe voluto semplicemente partire e vivere da qualche altra parte come il suo amico Lenny Kaye, che al momento abitava con la sua famiglia nella campagna della Pennsylvania, ma quella energia che veniva dalla città era la cosa che manteneva in vita il suo bisogno di scrivere.
Dopo che con i Truly finii di mixare il nostro album al Magic Shop di Soho, mi incontrai con Jim all'Orlin' Cafe nell'East Village. Prendemmo un paio di tazze di caffè mentre lui finiva la sua colazione e poi ce ne andammo a Williamsburg. Ero nervoso all'idea di incontrare uno dei miei eroi di una vita di persona per la prima volta, ma il suo humor e la sua conversazione facile, proprio come al telefono, furono subito disarmanti. Mi ricordo che era in gran forma e vestito molto bene, sembrava davvero un'icona, dietro ai suoi occhiali scuri. Parlavamo del film, del disco che stavo finendo, della registrazione che stavamo per fare e, se la memoria non mi inganna, Jim mi raccontò la storia dell'Orlin' Cafè.
Quando uscimmo dall'auto a Brooklyn e mentre ci avvicinavamo al palazzo, prima ancora che Jim dicesse ciao al proprietario dello studio o facesse qualsiasi altra cosa, il cane del padrone cominciò subito a leccarlo su tutta la faccia e Jim a ricambiarlo con dei bacini. C'era questa specie di atmosfera simil buddista in quel momento, sembrava che si conoscessero in una vita passata o qualcosa del genere. Quell'episodio mi è rimasto veramente appiccicato addosso, ci penso un sacco e credo dica molto su Jim... nella gerarchia di tutte le cose, il cane viene prima. Metaforicamente, ho cercato di vivere tutta la mia vita in quel modo da allora.

Poco prima dell'uscita del film, Jim viene invitato alla Case Western Reserve University a Cleveland per l'annuale conferenza "sesso droga e rock&roll". Nonostante non sia ancora nelle sale, la macchina pubblicitaria per "The Basketball Diaries" è in piena azione e Carroll ottiene i più grossi cachet che abbia mai preso. La data di Cleveland, ad esempio, gli porta in tasca 5000 dollari, una cifra folle per un reading.
Lo accompagna alla performance l'amico/promoter Robert Fitzgerald.
I due sono molto legati e se la passano bene insieme; da qualche tempo Carroll sta pressando Robert per farsi portare un po' di buona cocaina che *ha voglia di farsi una serata come si deve*. A Fitzgerald la bianca piace, la usa spesso in quel periodo e ha tutti gli agganci giusti, così, dopo un periodo di ritrosia, accetta di procurarne un po' per il reading alla Western Reserve University.
Fitzgerald:
La nostra conversazione a volte andava a parare sull'argomento droghe... Jim parlava con entusiasmo della cocaina fantastica che prendeva ai tempi della band, non solo a me, ma anche ai ragazzi delle scuole che lo chiamavano a parlare. Diceva che poteva sempre scegliere quando prenderla e quando lasciarla, e che non fu mai un problema per lui. Si godeva semplicemente "la parte bella". Giusto Jim, chi non lo faceva? Iniziò a chiedermi della cocaina che compravo io, e se gliene potevo procurare un po...
Parlare con lui di droghe era un conto, ma procurargliela era un altro. Primo, non volevo essere responsabile di averlo riportato alle droghe. Secondo, fare da intermediario per le droghe a Jim Carroll? Sarebbe stato come comprare un regalo di Natale per

Santa Claus. La pressione di cercare prodotti di qualità sarebbe stata enorme. Lo tenni a bada per mesi ma alla fine cedetti.

L'esibizione è prevista di sabato mattina alla dieci; Jim, Robert e un altro amico di quest'ultimo si incontrano il venerdì sera in hotel. I tre si fanno qualche striscia prima dell'incontro a cena con gli studenti e i loro tutor. Una clausola obbligatoria prevista nel contratto per il reading. Di solito si tiene con un paio di ragazzi e un tutor laureato. Una possibilità per gli studenti che hanno scelto l'ospite di conoscerlo meglio. Una cosa che a Jim non ha mai creato problemi: è sempre stato a suo agio con i ragazzi, e capace di affascinarli con facilità semplicemente essendo sé stesso.

Quando la macchina arriva a prendere Jim e Robert per portarli a cena la situazione però si complica. Non ci sono studenti *free* che vogliono fare quattro chiacchiere con Carroll ma membri anziani della Facoltà, assistenti sociali per la droga e capi studenti ultra-ambiziosi.

Fitzgerald:

Non appena scendemmo di sotto capii che eravamo nei guai... Devo essere caduto in una sorta di pilota automatico da agente affascinante per facilitare le presentazioni iniziali, perché tutto ciò che ricordo ora sono i pensieri che rimbalzavano in ogni angolo della mia testa piena di coca, come per un qualche bizzarro colpo di biliardo: "Fanculo, questo sarà una merda... fanculo, ho bisogno di una striscia... fanculo, nemmeno una ragazza carina nel mucchio... fanculo, ho bisogno di un drink. E di una striscia... ti prego Dio, fa solo che questo finisca...

Durante il viaggio verso il ristorante, Jim e Robert parlano poco. Hanno tirato troppa coca, superando la fase della chiacchiera piacevole *made in Bolivia*. Sono passati al livello successivo: mascelle serrate, smandibolamento e lieve paranoia.

Le risposte di Jim alle domande non sono le solite avventure tortuose raccontante a lingua sciolta ma un paio di parole studiate appositamente perché l'interlocutore chiuda la bocca.

Fitzgerald:

Mentre ero sepolto nel pensiero ossessivo di più coca e un drink potente per superare quel limite, mi ricordo di aver guardato dal posto dietro Jim, che sedeva nel sedile passeggeri davanti, e di aver pensato "Ha-ha, Signor Diari di Basket, sei fottuto quanto me".

Fui sollevato quando finalmente arrivammo al ristorante. Il mio piano era di assentarmi immediatamente per andare in bagno a farmi una pista gigante, e poi ordinare drink e poi ancora altri drink. Il ristorante sembrava abbastanza carino, un posto italiano ragionevolmente autentico in un quartiere residenziale. Fummo condotti in un privé seminterrato e tenuemente illuminato, dove io e Jim eravamo seduti ai capi opposti di un lungo tavolo. Andai in bagno, dove fui deliziato nell'apprendere che c'era una sola toilette con lavandino e una porta che si chiudeva – quindi nessuna preoccupazione di venire interrotto durante la mia gloriosa sessione di coca. Tirai fuori il portafoglio e aprii la mia bustina segreta per le droghe. Vuota. Nella mia fretta di incontrare gli ospiti, avevo lasciato la nostra bustina in hotel. Tornato al tavolo, desideravo disperatamente un drink. Cercai il contatto visivo con Jim per comunicargli la mia disperazione, ma a quella distanza e con quella illuminazione era impossibile. Aspettai che venisse la cameriera a prendere la mia ordinazione. E aspettai, e aspettai. Nulla. Gli ingranaggi non oliati del mio cervello stavano cigolando, e cigolando, e cigolando. Cercai meglio che potevo di chiacchierare con gli studenti, ma erano delusi dall'essere stati relegati a sedere vicino a me mentre quelli della Facoltà circondavano Jim. Non potevano servirmi a niente. Il ristorante aveva trascurato di assegnare il cameriere al nostro party privato nel seminterrato. Aspettammo più di mezz'ora prima che una cameriera comparisse scusandosi e iniziasse ad illustrare il menù già stabilito che la scuola aveva concordato. Insalata, antipasti, primi, poi iniziò a nominare i drink, "7up, Pepsi, Diet Pepsi…". Non ci fu alcuna menzione di vini che dovevano essere serviti, né di Heineken, o Budweiser, e nemmeno una dannata PBR. Quando prese la mia ordinazione chiesi comunque una birra. Mi rispose che l'Università aveva richiesto che non fosse servito alcol. Fu come un calcio nello stomaco. Che schifezza. Fino ad oggi, è stata la peggiore cena della mia vita.

La cena termina dopo quasi quattro ore, quattro ore di tormenti per Jim e Robert.

Tornati in hotel i due si fanno ancora un paio di strisce insieme, poi si dividono la coca rimasta e spariscono ognuno nella propria stanza.

Quando si ritrovano l'indomani mattina, Jim inizia ad implorare Robert perché vuole ancora della coca. La sua è finita nella notte. Fitzgerald non vuole dargliela perché si deve esibire meno di mezz'ora dopo e non gli sembra una buona idea, ma Jim è talmente insistente che alla fine ottiene un paio di strisce.

Quando i due arrivano al luogo previsto per l'esibizione il locale è strapieno.

Fitzgerald:
Avevano radunato studenti delle superiori da tutta l'area e anche alcuni ragazzini delle medie e elementari. Uh oh. La conferenza "sesso droga e Rock&Roll" della Case Western in realtà avrebbe dovuto essere chiamata conferenza del "non fate sesso, non drogatevi, e il rock&roll solo se proprio dovete". Ripetei all'infinito allo staff che organizzava le attività che questo non era un bel racconto di redenzione anti droga; Jim avrebbe letto pezzi del suo lavoro e poi ci sarebbero state alcune domande a seguito del reading. "Siete proprio sicuri di volere questo?", chiesi loro. Insistettero: volevano Jim. Col senno di poi credo che in realtà volessero Leonardo Di Caprio, ma non ci fu modo di dissuaderli. Bene. Discussi della situazione con Jim e lui accettò di esibirsi. Con quel cachet, non ci saremmo tirati indietro per nessun motivo.

Appena arrivato, e dopo aver ringraziato brevemente i tipi dell'Università con cui è stato a cena la notte precedente, Jim chiede di andare un secondo in bagno. Il secondo diventa dieci minuti. Poi venti. E non esce.

Alla fine Robert è costretto ad andare a bussare alla porta del bagno per far uscire Jim e portarlo sul palco. Quando Carroll riemerge sembra in forma. Sale sul palco e comincia con la sua solita routine di sfogliare le pagine, cercando di risistemare fogli di carta incasinati come una specie di professore pazzo. Poi inforca gli occhiali e, in un tentativo di compiacere la folla in questa esibizione così ben pagata, dice: "Leggerò dei brani tratti da *The Basketball Diaries* che solitamente non leggo".

Comincia quindi con il passaggio in cui se ne sta nudo sul tetto del suo palazzo e si masturba sotto le stelle.

La tensione nella sala è palpabile e si sentono distintamente sussulti tra il pubblico.
Fitzgerald:
A questo punto speravo che come prossima cosa avrebbe letto "I want the Angel" o altre poesie sull'essere puri, o qualcosa dal romanzo a cui stava lavorando. E invece no. Sceglie un altro passaggio di "The Basketball Diaries", quello con la riga che dice "l'occhio dell'esplosione ha una gigantesca fica rossa di plutonio". Mi ricordo l'onda di ansietà che mi precipitò addosso quando uscirono queste parole. Fica rossa. Posso ancora sentirle.
Dopo l'esibizione i tizi della Case Western passano l'assegno a Robert, comunicandogli con fare minaccioso: "Parleremo con lei dopo". Non lo faranno mai.
Jim viene accompagnato all'aeroporto e se ne torna bello tranquillo a New York.
Poco prima di lasciare la sala, Robert nota un ragazzino raggiante. Avrà otto-nove anni. Ha con se un autografo di Jim. La dedica recita: "Caro Billy, continua gli studi e non drogarti – ti auguro il meglio, Jim Carroll".

Intanto il film esce nelle sale ricevendo ottime critiche sin dalla sua prima proiezione, tenuta al Sundance Film Festival nel gennaio del 1995. Peccato che Jim non si faccia vedere alla premiere, annullando all'ultimo minuto la propria partecipazione. La motivazione che lo fa rinunciare alla prima del film sulla sua vita è alquanto singolare: deve incontrare un prete per fare delle ricerche su un nuovo racconto che sta scrivendo.

Carroll:[161]

Mi scrivo con questo prete dal Vaticano, visto che è cresciuto a New York, lui studia i miracoli e sa delle cose che mi sono necessarie.

Il film Jim se lo gusta qualche giorno più tardi in un cinema di New York, in compagnia dell'amico Lou Reed.

Lou rimane molto impressionato dall'interpretazione di Leonardo Di Caprio e dice a Jim: "In ogni gesto che fa questo ragazzo è uguale a te. Prende persino le cose dalla giacca come fai tu!".

Durante una delle tante premiere della pellicola, Carroll viene fotografato con una nuova compagna, la giovane e attraente artista Laura Mendoza.

Tamela Glenn, stando a quanto mi ha raccontato Robert Fitzgerald e confermato anche Robert Roth, molla Jim qualche tempo prima con un biglietto e se ne va di casa rubandogli la chitarra che gli aveva regalato Lou Reed. Sul biglietto, che perfidamente la Glenn lascia nella custodia della chitarra rimasta vuota, c'è scritto: "Mi spiace per la chitarra, ma so che tanto non l'avresti suonata".

Robert Roth:

Lui pensò che questo gesto fosse stato fottutamente audace. Pensò anche che fosse molto divertente, ma crudele oltre ogni immaginazione. Il suo atteggiamento era come quello di qualcuno che se ne sta sanguinante con un buco fresco e fumante nel petto e dice "non posso credere che tu mi abbia appena sparato, perché lo hai fatto...? Perché hai lasciato qui la fottuta custodia?".

---

[161] Dichiarazione rilasciata da Carroll al giornalista Lewis MacAdams e pubblicata su Entertainment Weekly del 30 giugno 1995.

Lui si incazzava per le mancanze di rispetto e l'ignoranza, non per le cose materiali. Aveva tolleranza zero per gli imbecilli, nonostante fosse un maestro saggio e paziente per quelli che, come me, erano giovani e stavano trovando la loro strada nel mondo letterario.

Un'altra ragazza con cui Jim si vede spesso è Tabitha Soren, la giornalista rossa di MTV a cui il Presidente Clinton rilasciò l'imbarazzante e famosissima dichiarazione: "Sì, ho fumato uno spinello ma non ho aspirato".

Jim e Tabitha si incontrano all'inizio degli anni novanta, quando la seconda va a Inwood ad intervistare il primo. La loro relazione inizia però più avanti, circa nel 1995. Robert Fitzgerald, che all'epoca conduce un programma su Sonic Net, invita una sera Jim per un'intervista e lui si presenta con Tabitha. I due vengono anche fotografati insieme agli MTV Music Awards del 1995, alla Radio City Music Hall di New York. Una leggera brezza gossippara nel sobrio mondo lontano dalla mondanità del sultano di San Marks.

Il film tratto dai diari, intanto, regala a Carroll un nuovo pubblico. I ragazzi vanno al cinema per vedere Di Caprio e Wahlberg ma quando escono dalla sala corrono a comprarsi i libri di Jim. E così, a più di quindici anni dalla sua prima edizione, "The Basketball Diaries" rientra nella top ten dei libri più venduti del Paese.

Carroll:[162]

Il mio editore era meravigliato dal fatto che tutta quella gente stesse comprando il libro... Aveva sempre venduto bene ma non ci aspettavamo tutto quel nuovo pubblico di giovani lettori. Pensavo che i ragazzi che erano andati a

---

[162] Dichiarazione rilasciata da Carroll alla giornalista Louise Thach e pubblicata sullo Hudson Current dell'8 marzo 2001.

vedere il film lo avessero fatto per Leo e Marky Wahlberg e che di certo non avrebbero poi letto il libro. E invece lo compravano. Iniziai anche a ricevere lettere dai ragazzi. Alcuni con problemi di dipendenza e altri che dicevano di aver smesso di farsi dopo aver letto i diari. Volevano comprare anche i miei libri di poesia, le canzoni, tutta la mia roba. Fu sorprendente e mi insegnò qualcosa. Avevo sottovalutato i ragazzi. Quindi, il film è stato una buona cosa in questo senso.

Per sfruttare l'onda del successo esce anche una versione audio di "The Basketball Diaries", pubblicata da Audio Literature e contenente due audio-cassette, in cui Jim legge diversi estratti del libro accompagnato dalla chitarra dell'amico Lenny Kaye.

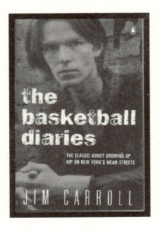

Il film fa riscoprire Carroll a una nuova generazione di artisti, come i Rancid, che lo chiamano a collaborare al disco "…And Out Come the Wolves" - titolo ispirato da un verso di Jim. Il nostro recita una strofa parlata all'interno della canzone "Junkyhead".

I Rancid avvicinano Jim mentre sta rilasciando un'intervista alla radio in diretta telefonica dagli Electric Ladyland Studio per promuovere la colonna sonora del film.

"...And Out Come the Wolves" ottiene un disco d'oro ed è a tutt'oggi l'album più venduto nella gloriosa discografia di Armstrong e soci.

Carroll:[163]

Non conoscevo la musica dei Rancid prima che facessimo questa cosa assieme ma non riuscivo a credere a quello che sentivo fare dal chitarrista, voglio dire, per me poteva essere benissimo Joe Strummer a suonare, per quanto ne sapevo... insomma, le loro influenze sono chiaramente quelle.

Jim, ormai vero e proprio vate underground, ispira nuove leve di scrittori e musicisti. È il caso di James O'Barr[164] e dello scrittore Irvine Welsh,[165] che addirittura lo cita nel romanzo "Acid House".

Carroll appare anche nel documentario "Poetry in Motion 2" diretto - come il primo - dall'amico Ron Mann: legge "Work, Not Play" e racconta di quando, da ragazzino, pedinava Frank O'Hara per le vie di Manhattan.

Sempre nel 1995, il racconto breve di Jim "Curtis's Charm", pubblicato nella raccolta "Fear of Dreaming", viene adattato al cinema. Il risultato, un film omonimo di

---

[163] Dichiarazione rilasciata da Carroll a Suzan Alteri e pubblicata su Real Detroit Weekly il 13 gennaio del 2000.

[164] James O'Barr (1 gennaio 1960). Autore di fumetti statunitense. Famoso soprattutto per aver creato "Il Corvo", fumetto passato alla storia grazie all'omonimo film con Brandon Lee.

[165] Irvine Welsh (27 settembre 1958). Scrittore scozzese di controversi best seller come "Trainspotting", "Colla", "Porno", eccetera.

produzione ultra indipendente, viene diretto dal regista canadese John l'Ecuyer.
Il testo racconta la storia di Curtis, giovane tossicodipendente paranoico convinto che la sua suocera caraibica gli abbia lanciato una fattura vodoo. Camminando sulla 5° Strada a New York incontra il suo vecchio amico Jim, ex tossicomane ora ripulito, e gli chiede aiuto. Jim cerca di far ragionare l'amico ma quando vede che è tutto inutile e che Curtis è sempre più disperato decide di assecondarlo. Disegna su un foglio di carta un amuleto con alcuni simboli e un serpente, quindi dice a Curtis che quel talismano lo proteggerà.
I due si salutano ma, poco dopo, Jim sorprendentemente trova un serpente morto per le strade di New York. Qualche settimana più tardi viene a sapere che Curtis ha dato fuoco a casa sua, con moglie e suocera dentro, e comprende come anche un piccolo potere, se utilizzato da mani sbagliate, possa avere terribili conseguenze.
Carroll:[166]
Credo che se dovessi iniziare a scrivere in questa epoca mi dedicherei di brutto ai film. Tutti gli scrittori più fighi di New York di cui abbia notizia stanno facendo dei film. Scrivono sceneggiature o fanno i registi... oggi come oggi qualunque mezza sega può diventare un regista, hai solo bisogno di un buon direttore della fotografia, punto. Non è che ci voglia molto.
Il film riceve ottime recensioni e vince due Genie-Award, ottenendo anche una Nomination come miglior film al Toronto Festival. Curtis è interpretato dall'attore Maurice

---

[166] Dichiarazione rilasciata da Carroll a Suzan Alteri e pubblicata su Real Detroit Weekly il 13 gennaio del 2000.

Dean Wint mentre la parte di Jim va a Callum Keith Rennie. Carroll:[167]

All'inizio ho pensato: come si può trarre un film da un racconto di 12 pagine? Ma l'Ecuyer ha un gran senso letterario.

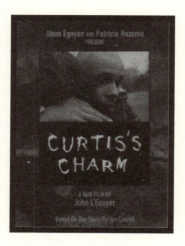

La voglia di scrivere un vero e proprio romanzo solletica Jim da anni e finalmente si decide a tentare. Gli vengono due idee contemporaneamente. La prima è una sorta di noir teologico con protagonisti due preti, l'altra riguarda un pittore newyorkese in crisi d'identità che ha un collasso nervoso dopo aver visto un quadro di Diego Velazquez[168]. I titoli provvisori sono "Stigma" e "The Petting Zoo".

---

[167] Dichiarazione rilasciata da Carroll al giornalista Fran Fried e pubblicata sul New Haven Register del 18 maggio 2001.
[168] Diego Rodríguez de Silva y Velázquez, più noto semplicemente come Velázquez (6 giugno 1599 - 6 agosto 1660). Pittore spagnolo, è stato l'artista più importante tra quelli presenti alla corte di Re Filippo

Carroll:[169]
Mi venne l'ispirazione per due romanzi. Mi sentii fortunato perché in passato la mia prosa era sempre stata largamente autobiografica. Non avevo mai sviluppato un plot in grado di sostenere un intero romanzo. Le due idee erano molto diverse una dall'altra. Presi alcuni appunti e presentai una delle due trame al mio agente.
Era la storia di due preti e aveva a che fare con i miracoli. Uno dei due preti investigava sui miracoli per conto del Vaticano. L'altro invece mostrava le sue stigmate alla missione San Rafael, vicino a San Francisco. C'era anche un misterioso omicidio.
Ci sono un sacco di riferimenti religiosi: i Manoscritti del Mar Morto, il Libro di Enoch, il Libro dei Giubilei e il Talamud.
Il mio agente e il mio editore alla Viking erano molto eccitati. Volevano entrambi che ne buttassi giù una prima bozza. Parlammo del libro per più di due ore, poi spostai la conversazione sull'altro romanzo, che era quello che volevo scrivere per primo. Loro erano già partiti con l'idea del romanzo sui preti perché pensavano che avrebbe fatto un sacco di soldi.
"The Petting Zoo" invece è un libro più complesso, parla di un pittore di New York che intraprende una specie di ricerca. Va a vedere una mostra su Velazquez e dà di matto davanti a tutta quell'aura spirituale. Scoppia in lacrime e giura di non dipingere mai più finché non

---

IV di Spagna. Fu uno degli artisti più rappresentativi dell'epoca barocca e un grande ritrattista.
[169] Dichiarazione rilasciata da Carroll al giornalista Fran Fried e pubblicata sul New Haven Register del 18 maggio 2001.

troverà un qualche aspetto spirituale in ciò che fa. I suoi amici cercano di aiutarlo...
Non voglio essere ricordato solo per "The Basketball Diaries". O per lo meno, sì, lo voglio, ma voglio che quel libro venga contestualizzato nel suo periodo e collocato nella giusta prospettiva ...
Intanto la New York amata e decantata da Jim nei suoi libri e nelle sue canzoni è cambiata parecchio. Merito o colpa anche del Sindaco di origini italiane Rudolph Giuliani, che amministra la città dal 1° gennaio del 1994 al 31 dicembre del 2001. Durante il suo mandato, il Sindaco repubblicano attua una politica di repressione del crimine definita "Tolleranza zero". Seppure le statistiche confermino una diminuzione dei reati, la politica di Giuliani - detto "lo Sceriffo" - pare a molti esagerata; in particolare l'eccessiva severità sui reati minori e la violenza gratuita di cui alcuni poliziotti vengono accusati non depongono a suo favore.
Carroll:[170]
La New York delle poesie è quella che c'è nella mia testa, che non ha nulla a che vedere con quella di Giuliani. Ieri notte ho fatto una passeggiata per Times Square e sembrava di essere a Las Vegas! Ma non ero nella scabrosa Las Vegas. Mi ricordo invece che quando ero un ragazzino camminare per Times Square ti lasciava un senso di depravazione addosso da togliere il fiato. Credo che ogni ragazzino dovrebbe conoscere quella sensazione ed esservi esposto. Ora sembra una cazzo di Disneyland...

---

[170] Dichiarazione rilasciata da Carroll alla giornalista Marlene Goldman e pubblicata su Rolling Stone dell'8 gennaio del 1999.

Sempre Carroll:[171]
Giuliani è completamente fuori di testa ma non si può dire che sia tutta colpa sua. Cioè, la pulizia è stata tutta opera sua, la gente di Manhattan non ci può più vivere grazie a lui. È ridicolo. Ho due amici che vivono a Los Angeles e che pagano la metà dell'affitto che pago io stando a New York. E per fortuna mi guadagno da vivere con 'sta cosa dello scrivere. Ci sono molti amici scrittori che non riescono a pagarsi l'affitto a Manhattan, a meno che non vivano in casa con altre 400 persone o in un seminterrato! Ora i prezzi sono oltraggiosi, allucinanti. San Francisco è una cosa del genere ma anche se paghi così tanto comunque la città ti offre molto di più, alla fin fine.

Jim e Robert Roth (© Eric Thompson)

---

[171] Dichiarazione rilasciata da Carroll a Suzan Alteri e pubblicata su Real Detroit Weekly il 13 gennaio del 2000.

11.

La seconda metà degli anni novanta impegna Carroll su più fronti artistici. Inizia a scrivere i due romanzi progettati, dedicandosi con maggiore slancio alla storia del pittore. Sia il suo agente che l'ex moglie Rosemary pressano Jim affinché si concentri su un solo manoscritto. Carroll:[172]
Io ho delle scadenze, il mio agente ha delle scadenze e il mio avvocato ha delle scadenze. Tra l'altro il mio avvocato è pure la mia ex moglie. Siamo ancora molto amici ma a volte mi rompe veramente i coglioni!.
Tuttavia Jim non abbandona la poesia, continuando a tenere reading in molti campus universitari e centri culturali degli Stati Uniti. Il nostro appare in forma, gli eccessi del passato sono ormai alle spalle. Nonostante la sua figura sia sempre di una magrezza impressionante, l'aspetto è rimasto quello di un ragazzo, un ragazzo vicino ai cinquanta che va ai reading in jeans e giacca di pelle, con il suo caschetto rosso illuminato dalle luci della sala e tanta voglia di lanciare poesia elettrica nell'aria.
Nel 1996 partecipa al benefit album "Home Alive: The Art of Self-Defense" Si tratta di un disco di musica e spoken words per aiutare l'organizzazione no profit Home Alive, fondata a Seattle nel 1993 in seguito all'omicidio di Mia Zapata, cantante dei The Gits, e che ha come fine l'insegnamento dell'autodifesa (soprattutto per le donne) e di tutto ciò che può essere utile per prevenire e combattere la violenza. Al progetto

---

[172] Dichiarazione rilasciata da Carroll al giornalista Norman Kee e pubblicata su Metro Land del 5 ottobre 2000.

partecipano, fra gli altri, Jello Biafra, Nirvana, Pearl Jam, 7 Year Bitch e Lydia Lunch. Jim legge "Nightclubbing", da "The Book of Nods".
A chi gli chiede se abbia voglia di tornare a registrare dischi rock dopo tanti anni lontano dai palchi, Carroll risponde: "Una volta ogni tre mesi penso che dovrei fare un altro disco, poi guardo MTV per cinque minuti e penso *cazzo che schifo!!*, e allora la voglia mi passa".
Nel 1997 Jim collabora con i Truly al disco "Feeling You Up", scrivendo il testo per il brano "Repulsion".
Sempre in quell'anno esce un cd di spoken words in memoria di Jack Kerouac, a cui collaborano famosi poeti, scrittori e musicisti (Michael Stipe dei Rem, Steven Tyler, Hunter S. Thompson, Allen Ginsberg, William S. Burroughs, Patti Smith e tanti altri). L'album si intitola "Kerouac: Kicks Joy Darkness". Carroll legge, accompagnato da Lanny Kaye, Lee Ranaldo[173] e Anton Sanko[174], una poesia di Jack intitolata "Woman".
Anton Sanko:
Incontrai Jim per la prima volta quando Lenny Kaye mi chiese se volevo partecipare, insieme a Lee Ranaldo, alla registrazione della poesia di Kerouac "Woman" che Jim doveva leggere per "Kicks Joy Darkness". Lui si dimostrò una persona cordiale, ricca di humour e generosa. Non me l'aspettavo così.
Il 5 aprile del 1997 muore a New York per un cancro al fegato il poeta Allen Ginsberg.

---

[173] Lee Ranaldo (3 febbraio 1956). Chitarrista e cantante statunitense, componente del gruppo dei Sonic Youth e autore solista, nonché produttore, poeta ed editore.
[174] Musicista e compositore newyorkese, produttore di Susanne Vega, molto attivo in ambito di colonne sonore cinematografiche.

Jim lo ricorda con affetto:[175]
È difficile pensare che Ginsberg non sia più in giro. Mi capita di credere, quando sto andando a qualche reading di beneficienza, che lo troverò lì, come sempre.
La gente poteva contare su Allen perché riusciva a far sì che gli altri poeti facessero beneficenza su tutto. Nessuno colmerà quel vuoto. Da giovane ero maggiormente influenzato da Frank O'Hara e John Ashbery e la cosiddetta New York school of poets. Ma quando sono cresciuto ho imparato moltissimo da Ginsberg. Era come un mentore per me.
Nel 1998 esce con la Penguin una nuova raccolta di versi di Carroll: "Void Of Course". Il titolo ha un significato astrologico e riguarda la luna. Si definisce *void of course* il momento in cui la luna ha finito il suo ultimo aspetto in un determinato segno e non è ancora transitata nel segno successivo. Solitamente il periodo non dura più di poche ore. Gli astrologi dicono che durante il *void of course* è meglio evitare di fare scelte importanti in quanto sono destinate ad andare male. Curiosamente Carroll è nato durante un *void of course*.
In copertina Jim, con addosso l'immancabile giacca di pelle, è seduto sulla banchina del porto. La stessa banchina dove approdarono i superstiti del Titanic nel 1912.
"Void of Course" è il primo libro scritto da Carroll utilizzando il computer. Il sottotitolo recita che le poesie sono state scritte dal 1994 al 1997, e infatti il libro si apre con la celebre "8 Fragments for Kurt Cobain" - che è del 1994.

---

[175] Dichiarazione rilasciata da Carroll alla giornalista Marlene Goldman e pubblicata su Rolling Stone dell'8 gennaio del 1999.

Carroll:[176]

Le poesie abbracciano un periodo di quasi quattro anni, ma solo perché la poesia di Kurt Cobain è stata scritta nel 1994 ed è la più vecchia della raccolta. Il resto risale all'ultimo anno. Dopo aver consegnato il manoscritto al mio editore - e proprio mentre lo stavamo editando - scrissi le bozze di altre dieci nuove poesie, quasi cinquanta pagine di materiale. È stato un periodo prodigioso per me per scrivere poesia, il più prolifico della mia produzione poetica. Principalmente stavo lavorando ai romanzi ma quando l'ispirazione per la poesia arriva tu la devi seguire, e io lo feci. È stato il periodo più prolifico della mia vita da quando ero un giovane poeta alla St. Mark.

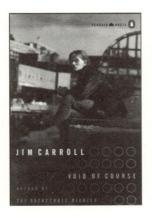

Durante una lunga e articolata intervista, Jim spiega più profondamente cosa sia per lui la poesia e perché molti brani di "Void of Course" si intitolino semplicemente "Verso" o "Poesia":

---

[176] Dichiarazione rilasciata da Carroll ai giornalisti Frank DiCostanzo e Michael Workman e pubblicata su Lumpen Times dell'8 maggio 1999.

Carroll:[177]
Ho chiamato molte poesie del libro semplicemente "Poesia", altre per fortuna hanno un titolo, ma spesso mi riferisco a loro citando il primo verso... In pratica è questo il modo che viene usato per identificare ciascuna poesia: chiamarla come il suo primo verso. Mi ricordo che alcuni amici mi dicevano che ero bravo a scegliere titoli per le poesie. Questo libro l'ho preparato così velocemente che scrivevo solo "nota" o "poesia". E per alcune anche solo "verso". E questo perché spesso non ci ho neanche riflettuto, le ho solo messe giù scrivendoci sopra "verso". All'inizio ho anche pensato di riscrivere qualcosa, andare oltre a quei titoli buttati lì. Ma poi ho deciso che andava bene così, dimenticandomi di riscrivere quei titoli. Questo anche perché era la prima volta che scrivevo al computer e devo dire che mi è piaciuto molto. Puoi fare tutti gli spazi che vuoi, spostare e spostare di nuovo. Usare lo spazio per imprimere il ritmo di lettura alla poesia. Un verso breve e rallenti, un verso più lungo e lo acceleri. Metti una certa parola due volte così raddoppi, alla fine del paragrafo... o è l'inizio di uno nuovo? Un'altra strofa. Per ora ragiono in termini di strofe. Ma comunque sono tutte cose molto facili da fare col computer. Quindi, ho iniziato a gasarmi scrivendo al pc proprio per questi motivi. La poesia intesa come spostare, copiare e incollare ciò che ti serve da una parte all'altra e con questa facilità. Altrimenti, beh, se così non fosse, non abbandonerei l'abitudine di scrivere i titoli e tutte quelle cose lì.

---

[177] Dichiarazione rilasciata da Carroll ai giornalisti Frank DiCostanzo & Michael Workman e pubblicata su Lumpen Times dell'otto maggio 1999.

Una volta, quando ero molto giovane, John Ashbury mi disse che prima scriveva i titoli delle poesie e poi le poesie, insomma, scriveva le poesie a partire dal titolo che sceglieva, il che è proprio difficile da credere se leggi una sua poesia: non hanno nulla a che vedere coi titoli. Eppure lui prima scriveva il titolo e poi la poesia. Per me è proprio il contrario, anche se ognuno poi fa come gli pare. Cazzo, ho passato un sacco di tempo a pensare ai titoli, per poi rendermi conto che una poesia sta su da sé, senza bisogno di un titolo. La puoi chiamare "poesia" e va bene così.

A questo punto Jim stupisce tutti ancora una volta e, dopo quindici anni di silenzio, torna alla musica. È il 1998 quando esce, con la Mercury Records, "Pools of Mercury", un album composto da canzoni inedite alternate a spoken words.

La produzione è affidata alle mani esperte di Anton Sanko e ai suoi musicisti. Gente come Tristan Avakian (Biohazard, Mariah Carey, Virgin 2.0), Frank Vilardi (Celine Dion, Jewel, Susanne Vega, The Roches), Eric Sanko (Lounge Lizards, John Cale), e naturalmente i vecchi amici Lenny Kaye e Robert Roth.

Il lavoro che ne esce fuori è raffinato, elegante eppure incisivo. Le poesie recitate da Jim sono: "I Am Not Kurt Schwitters", "Things That Fly", "It Goes", "Cinco De Mayo" (tratte da "Fear of Dreaming); "8 Fragments for Kurt Cobain", "Female as Thunder", "Train Surfing", "My Ruins", "Zeno's Law of High-Heeled Shoes" e "Message Left on a Phone Machine" (tratte da "Void of Course"). L'accompagnamento musicale è di assoluto livello e la lettura altamente evocativa.

In particolare la poesia "Train Surfing" è nata da un copione che Jim doveva scrivere sui ragazzi brasiliani che praticano sta cosa pazzesca chiamata *train surfing* (praticamente si mettono in piedi sui vagoni dei treni in corsa, come fossero su una tavola da surf). Come spiega Jim all'amico Robert Roth in un'intervista pubblicata su The Rocket del 4 novembre 1998:

Sì, esatto. È da lì che viene. Vedi, il tizio che mi ha chiesto di scrivere quel copione mi ha mostrato la sequenza di questi ragazzi che facevano "surf sui treni" e che ha ripreso mentre era in Brasile. Io non volevo fare questa cosa. Ma quando gli ho mostrato la poesia gli è piaciuta tantissimo. È andato dal capo della Fox e voleva convincerlo a farsi dare i soldi per me, per farmi scrivere tipo una versione lunga di quella poesia. In altre parole, doveva essere una specie di documentario su questi ragazzi che fanno train surfing e delle loro notti a ballare in questi posti che sembrano hangar dismessi di aeroplani, sai, baracche di lamiera. Ma sono enormi. E i poliziotti lasciano che ci si affollino dentro tutti quelli che ci stanno, e non cercano di fermare nessun litigio, nemmeno se tirano fuori dei coltelli; vogliono semplicemente che si ammazzino a vicenda. E i DJ se ne stanno lì a suonare musica bizzarra... Le rotaie della ferrovia incominciano dalla parte bella - la parte di Rio davanti alla grande statua di Cristo sulla montagna dove tutto è ricco e opulento per i turisti - ma quando vai dietro a Cristo ci sono solo tutte quelle fottute case fatte di pezzi di latta e tutti quei bambini che giocano a calcio con tipo, sai, pezzi di nastro arrotolato e roba del genere. Voglio dire, devono cominciare a lavorare per la gente della droga ad un certo punto, oppure non arrivano da nessuna parte. I ragazzini senza casa vengono sempre uccisi dai tizi delle squadre della morte...

Il pezzo forte di questo album sono però le canzoni: puro rock'n'roll di buona fattura con un Jim vocalmente molto più sicuro rispetto al passato e una band capace di accompagnarlo con una base ritmica pulita ma graffiante. Carroll:[178]

Quando iniziai a cantare facevo quasi esclusivamente affidamento sulla passione perché non ero tecnicamente un buon cantante. Penso ancora di non essere un gran cantante ma sicuramente sono migliore rispetto a quando ho iniziato.

Si parte con "Falling Down Laughing" (il pezzo scartato dalla colonna sonora del film tratto da "The Basketball Diaries"), testo di Carroll e musica di Robert Roth. Classico rock'n'roll di matrice seattleiana, sviluppato su un testo criptico che dipinge cadute, risalite e ancora cadute di uomini in cerca di risposte.

"Desert Town" è un pezzo più complesso che ad un refrain quasi pop alterna momenti di rock teatrale vicini ai Doors di "Strange Days". Il testo di Carroll è pura poesia di redenzione, in particolare quando intona: "In a

---

[178] Dichiarazione rilasciata da Carroll alla giornalista Marlene Goldman e pubblicata su Rolling Stone dell'8 gennaio del 1999.

desert town the sound/ Whispers like like the women at the well/ In this dry high wind I bend/ like a cactus in the sand/ I'm waiting, waiting for your hand"[179].

Con la tittle track "Pools of Mercury" arriva il pezzo che non ti aspetti: una suite psichedelica con blande influenze industrial dove Jim alterna biascicate parti parlate a ruggiti cantati che esplodono nell'urlo: "The future's like a curse/ I'm swimming in pools of mercury/ Making sense of the end of the century"[180].

La successiva "Hairshirt Fracture" è una canzone lenta, trascinante, che rimanda a primi Velvet Underground ma non solo. Il testo è al solito di ottimo livello, anche se estremamente criptico. Forse si sta parlando d'amore, amore che sfocia in versi di chiusura dal sapore profetico: "I'm sick of me for being sick of you/ We'll take a gypsy cab to heaven or hell/ Time will tell"[181].

Dello stesso tenore è il brano che chiude il disco, "The Beast Within", altra suite di parole e suoni morbidi ma corrosivi scritta da Jim e Lenny Kaye.

Carroll:[182]

È stato proprio divertente (registrare "Pools of Mercury", nda)*, all'inizio doveva essere un album più che altro parlato ma con della musica di sottofondo. Avevo fatto un sacco di reading quindi sapevo quali poesie*

---

[179] "In una città deserta il suono / sussurra come come le donne al pozzo / In questo vento secco e alto io mi piego / come un cactus nella sabbia / sto aspettando, aspettando la tua mano".

[180] "Il futuro è come una maledizione/ sto nuotando in vasche di mercurio/ per dare un senso alla fine del secolo".

[181] Sono stufo di me per essere stufo di te/ prenderemo un taxi gitano per il paradiso o l'inferno/ il tempo lo dirà.

[182] Dichiarazione rilasciata da Carroll al giornalista Spyder Darling e pubblicata su NY Rock nel gennaio 1999.

rendevano bene se lette davanti a un pubblico. E con queste nuove tecnologie digitali puoi spostare le parole come ti pare. Semplicemente fantastico! E questo è stato un bene perché il produttore, Anton Sanko, raccomandatomi da Lenny Kaye, con cui ho lavorato per il disco su Jack Kerouac, ha un approccio diverso per quanto riguarda il parlato. Di solito uno legge e il gruppo gli va dietro improvvisando. Ma Anton non lavora sulla melodia del gruppo che suona, tutto si basa invece sul ritmo. Lui si preoccupa di trovare un ritmo in ciò che leggo. Anche se il pezzo non ha la batteria, lui fa coincidere la scansione sillabica col battere o con il levare della batteria, e non con la musica del gruppo che improvvisa in sottofondo. Quindi è stato molto diverso rispetto al solito e mi è piaciuto parecchio...
Per quanto riguarda le canzoni, beh, pensavo che l'elettricità del rock'n'roll per me fosse finita, ma quando hai una vera, grande band a disposizione... avevamo altre tre canzoni da inserire ma abbiamo preferito metterci su qualche altro testo. Ma a ben vedere avrebbe potuto essere un disco completamente rock'n'roll, tutto suonato intendo dire, il che non mi sarebbe dispiaciuto affatto...
Sempre Carroll:[183]
Negli ultimi anni parecchi PR di case discografiche - me ne vengono in mente. tre in particolare - mi hanno invitato a pranzo per convincermi a fare un vero e proprio disco, intendo dire un album musicale e non un album di poesie con accompagnamento. Si sono

---

[183] Dichiarazione rilasciata da Carroll alla giornalista Marlene Goldman e pubblicata su Rolling Stone dell'8 gennaio del 1999.

ripresentati ogni anno. Alla fine mi sono sentito un po' in colpa rendendomi conto che effettivamente in questo album ci sono delle vere e proprie canzoni. Ho visto uno di questi tizi due settimane fa e mi ha detto: "Ehi, ho sentito il tuo nuovo disco, ma che cazzo hai fatto? Mi hai detto che sarebbe stato un disco di poesie e invece sono tutte canzoni!". Mi sono sentito in colpa. Ma non è dipeso da me, è venuto fuori tutto in modo molto naturale. È successo, punto. Ho provato a spiegarglielo ma era incazzato nero.

Durante la lavorazione di "Pools of Mercury" Jim e il produttore Anton Sanko prendono una strana abitudine, che quasi diventa una specie di cabala. Tutte le mattine prima di iniziare a lavorare si vedono per colazione al Florence Restaurant, dove Carroll delizia Anton con le sue storie di vita, musica e poesia.

Anton Sanko:

Lui mi raccontava queste lunghe, elaborate e complesse storie sulla sua vita, la religione, la musica, i libri che stava scrivendo. Era un grande narratore e tante volte la storia non si esauriva in una singola colazione ma andava avanti per diverse mattine... inizialmente il disco doveva essere solo un reading di Jim, e io volevo ottenere qualcosa di diverso rispetto agli album di spoken words che avevo sentito. Ho portato Jim nel mio studio e l'ho registrato mentre leggeva le poesie che pensava di inserire nel disco. In un secondo momento ho montato i take cercando di trovare un tempo adatto a completare la voce di Jim. Ho quindi composto le musiche insieme ad alcuni dei miei musicisti preferiti di New York, cercando di sottolineare i passaggi del reading un po' come faccio quando realizzo le colonne sonore dei film. A Jim

piacevano i musicisti con cui stavo lavorando, così decise di aggiungere qualche canzone all'album.
Jim parte con la band per promuovere sia "Void of Course" che "Pools of Mercury". Ne viene fuori un connubio di poesia e rock'n'roll molto convincente. A quarantotto anni, Carroll appare ancora giovane, motivato e in forma.
Una delle tappe più emozionanti del tour è lo show tenuto nel novembre del 1998 al Botton Line di New York, locale celebre per aver ospitato in passato un memorabile concerto di Bob Dylan.
Rinvigorito da una band in palla Jim si lancia in energiche versioni di "Wicked Gravity" e "It's Too Late", intervallate da gustosi versi poetici. Tutto fila liscio, fra parole ben amalgamate, batteria, chitarre distorte e sintetizzatori. Gli arrangiamenti eterei, sviluppati da Anton Sanko e Tristan, sono un unico, ossessionante viaggio psichedelico che a tratti ricorda la colonna sonora del film "Apocalypse Now".
A un certo punto Carroll si ferma, girandosi per soffiarsi il naso.
"Sono antistaminici, non una banconota da cinquanta dollari!", tuona quando dal pubblico gli domandano cosa stia sniffando dal fazzoletto.
Le nuove canzoni, da "Falling Down Laughing" a "Desert Town", emozionano il pubblico: il "catholic boy" per una sera sembra tornato quello dei primi anni ottanta.
Jim non abbandona tuttavia la forma del reading puro, esibendosi ad esempio all'Hothouse di Chicago, sulla 31 East Bilbao, dove legge estratti da "Void of Course" per un pubblico di persone ben vestite, sedute tra i tavolini rotondi.

Carroll:[184]
A dirla tutta non so mai cosa leggerò prima di 15 minuti dall'entrata in scena: quando sei sul palco è un po' come essere un quarterback[185] che chiama un audible[186]. Se dal pubblico mi arriva il messaggio che non sto andando troppo bene, cambio qualcosa della scaletta. Tutto si basa su ciò che mi fa sentire il pubblico. Se reagisce bene, posso provare roba nuova. Posso provare un monologo. Migliore sarà il monologo, migliore sarà tutto lo show.

Jim entra in scena con giacca di pelle nera e blue jeans, fumando una sigaretta. Ha con se una bottiglia d'acqua e un bel malloppo di libri sotto il braccio. Il brusio del pubblico scema quando si avvicina al microfono. Il primo minuto va via nella metodica operazione di togliere la giacca con lentezza, fissando un punto immaginario tra la gente seduta. Col suo strano accento newyorkese, Jim racconta del suo terribile viaggio da Milwaukee in compagnia di un grassone *redneck*[187]. Questi, che risulta essere il primo coroner sulla scena della morte dell'attrice

---

[184] Dichiarazione rilasciata da Carroll alla giornalista Christina Schmitt e pubblicata su Minnesota Daily Online nel 1996.

[185] Il Quarterback è uno dei ruoli principali in una squadra di Football Americano. La funzione principale del quarterback è quella di far applicare gli schemi che gli vengono suggeriti dal Coach, leggere la difesa avversaria e guidare l'attacco.

[186] Gli audible sono i segnali lanciati dal *quarterback* sulla linea di partenza quando deve cambiare lo schema di gioco.

[187] Con l'appellativo *redneck* vengono definite alcune persone degli stati meridionali degli Usa, appartenenti al ceto medio-basso della società. Il termine redneck ("collo rosso") indica la nuca scottata dall'esposizione al sole dovuta al lavoro nei campi. Si dice che i redneck siano generalmente conservatori, razzisti, rozzi, ignoranti, fanatici di motori e armi da fuoco, nonché intolleranti verso temi come religione, sesso e politica.

Jayne Mansfield, aveva con sé un libro francese sul satanismo intitolato *La Ba*, in cui Anton LaVey[188] viene paragonato a L. Ron Hubbard[189]. Carroll ammicca al pubblico affermando che entrambi sapevano bene come "i soldi, quelli veri, si fanno con la religione". Il discorso di Jim viene interrotto da uno spettatore conservatore che gli urla, particolarmente agitato: "ma che cazzo stai dicendo?".

Jim riesce con mestiere a far tacere il tizio, che nel frattempo si è messo a litigare con altri fra il pubblico.

Dopo l'interruzione il reading riprende, il nostro legge diverse poesie o pezzi tratti dai diari, tra cui "A Day at the Races" (da "Forced Entries"), "I Am not Kurt Schwitterz" (da "Fear of Dreaming") e "Facts", "Sick Birds", "8 Fragments for Kurt Cobain", (da "Void of Course").

Nel backstage un rilassato Jim parla con l'amico giornalista Frank Di Costanzo, disquisendo sul mito greco di Orfeo, un leggendario poeta tracio la cui musica riusciva a far muovere persino gli oggetti inanimati.

A Di Costanzo, Carroll dichiara:

Vedi, ho sempre pensato alle mie poesie e canzoni come a due modi ben distinti per esprimermi. Esteticamente è la stessa cosa, ma tecnicamente sono proprio diversi. Non mi è piaciuto quando hanno detto che io scrivo "poesie con sotto la musica", perché non è affatto vero... e per il futuro, beh... con l'album "Pools of Mercury" ho deciso, beh, con "Praying Mantis" era solo, diciamo, era

---

[188] Anton Szandor LaVey (11 aprile 1930 - 29 ottobre 1997), è stato il fondatore della Chiesa di Satana.

[189] Lafayette Ronald Hubbard (13 marzo 1911 - 24 gennaio 1986). Scrittore statunitense. Noto soprattutto per essere stato il fondatore del movimento Scientology.

solo una sfida, mi serviva non inserire per niente della musica. Per fare poesia non hai bisogno della musica, la poesia ha un ritmo per conto suo, ovvero come poi suona se la leggi... Con "Pools of Mercury" volevo provare nuove cose, con la musica puoi fare così tante cose, ovviamente vai indietro fino ai trovatori e i Meistersinger[190] e tutta la tradizione provenzale e quelle robe lì.

Jim al McCabe Guitar Shop di Santa Monica (1998)

È un momento sereno, produttivo e ricco di stimoli per Jim. A un giornalista che gli chiede se sia diventato vegetariano, visto che nonostante sia prossimo ai cinquanta è sempre più magro, il nostro risponde: "No, io

---

[190] Meistersinger o maestri cantori erano i molti poeti cantori, associati in corporazioni, attivi in Germania nel XV secolo e nel XVI secolo. Tra i più noti, si ricordano Hans Sachs e Jörg Wickram.

mangio la carne, ma tutte le ragazze con cui esco sono vegetariane, quindi in un certo senso lo sono anch'io...".
I reading proseguono da New York a Boston, da Washington a San Francisco.
Carroll:[191]
Ogni volta che faccio un reading in un posto come Boston, New York o Washington, o comunque posti dove ci sono miei spettacoli almeno una o due volte l'anno, devo sempre leggere qualcosa di nuovo, altrimenti rischio di ripetermi. Ho letto alcune parti del romanzo a cui sto lavorando ma è difficile prenderne un pezzo così piccolo e dare un'idea di tutta la storia, per di più mentre lo sto ancora scrivendo. Se ne leggo 30 pagine però è troppo. Anche le persone che sono abituate ad assistere ai reading dopo un po' si stufano...
Esibirsi in un reading ha anche una componente molto più emotiva. Fare due spettacoli di poesia in una notte per me è molto più stancante che fare due live col mio gruppo. Con la band, nel "secondo tempo" posso permettermi di cazzeggiare, cantando un po' peggio, con un po' meno cura, spacciandolo per licenza poetica, ed è probabile che diventi uno dei miei migliori live di sempre. Dopo che fai un reading invece sei svuotato di tutto. È da questo che mi accorgo di quanto siano diversi i due tipi di energia. Il reading non ha tanto un'energia sessuale, quanto piuttosto un'energia intellettuale. Questo non significa che nel parlato non vi sia energia sessuale, perché chiaramente c'è, ma, ecco, è difficile che tu, in prima fila, ti metta a limonare con la tua

---

[191] Dichiarazione rilasciata da Carroll al giornalista Louise Touch e pubblicata sul Hudson Current dell'8 marzo 2001.

ragazza mentre mi ascolti, anche se immagino che non dovrebbe essere poi tanto male.
Carroll trova anche il tempo di collaborare al disco "Yes I Ram" dell'amico ed ex compagno di band Jon Tiven.
Il nostro fa i cori nell'inedita "Jesse" e nella cover del suo vecchio successo "Differing Touch", che aveva scritto con Tiven per l'album "Dry Dreams" e che qui viene riproposta con un nuovo arrangiamento.
Durante le mie interviste a Tiven sono venuto a conoscenza dell'esistenza di tre inediti di Jim, registrati con Jon verso la metà degli anni ottanta. I pezzi sono: "Jessie" (in una diversa versione cantata da Jim), "Retribution" e "Tension".
Jon me li ha mandati e a mio giudizio sono grandi; lascia un certo rammarico pensare alle ottime canzoni che i due avrebbero potuto scrivere insieme se Tiven non avesse lasciato la band.
Jon Tiven:
Le session per "Yes I Ram" in realtà risalgono a metà degli anni 80, e poi ho remixato i demo originali per mio diletto nel 1993, perché ritengo che fossero rozzi persino per me.
Tutto il mio tempo con Jim è stato felice, divertente, lui era così brillante e penso che gli piacessi perché capivo un sacco delle sue battute, prima di tutto. Aveva una nuova ragazza, con la quale mi incoraggiava a scrivere, e lo facemmo, per un po'.
"Jessie" (nel mio album "Yes I Ram"), "Retribution" e "Tension" - che ancora devono uscire - sono testi sui quali Jim mi diede da scrivere la musica. Inizialmente preparammo un demo con una batteria molto grezza, poi andammo in un piccolo studio a downtown, New York, con Michael Shrieve (Santana) alla batteria. Mia moglie Sally ed io collaborammo entrambi alla musica, e poi presentammo i

risultati a Jim. Il testo di "Tension" originariamente aveva una musica diversa nella Jim Carroll Band, ma la melodia per quella canzone divenne poi "Voices", e quindi quando Jim mi presentò il testo di "Tension" lo conoscevo già, e sapevo che dovevo fare qualcosa di diverso, con una struttura di accordi e una melodia.

Jim con Jon Tiven nel 2000 (© Jon Tiven)

Inaspettatamente, nella primavera del 1999, Jim viene trascinato nell'occhio del ciclone a causa di una scena del film tratto dal suo libro. Quel film vecchio ormai di cinque anni che a Carroll neanche era piaciuto.
Questo a causa di due ragazzi che il 20 aprile di quell'anno entrano armati nella loro scuola, la Columbine High School di Littleton, nel Colorado, e si mettono a sparare all'impazzata a compagni e professori facendo una strage.
Il bilancio? Tredici morti e ventuno feriti.

Jim viene chiamato in causa dai media per via di una scena del film in cui Di Caprio entra in classe con un fucile a canne mozze e spara sui compagni di scuola. Tale scena, tra l'altro, era stata particolarmente esaltata dal regista mentre nel libro risulta poco più che un abbozzo.
Viene fuori che Eric Harris e Dylan Klebold, i due autori del massacro, sembrano essersi ispirati proprio al film.
Jim, sommerso da richieste d'interviste da parte di reporter di tutto il paese, è piuttosto infastidito.
Carrol:[192]
Non mi va di parlarne, punto e basta... È incredibile! Ha chiamato il 60 Minutes, ha chiamato il Today, ha chiamato Good Morning America, ha chiamato Larry King, la CNN, il Times, il Newsweek... E dico a tutti la stessa cosa: gli artisti non hanno alcuna responsabilità delle azioni squilibrate compiute da una manciata di stronzi fuori di testa, questo è quanto!
Jim si rifiuta di dare il suo parere su quali assurdi pensieri possano aver attraversato la mente dei due ragazzi della Columbine, ma sfida la tendenza ad abbracciare la causa di quelle singole tragedie che vengono di volta in volta collegate alla cultura di massa.
Carroll:[193]
In realtà, la cosa più ridicola è che libri come il mio e tanti altri fanno e hanno fatto sentire molti ragazzi meno isolati, meno soli, sollevati nel sapere che qualcun altro là fuori capisce come si sentono. Insomma, se si trattano argomenti o emozioni negative quando si scrive, o

---

[192] Dichiarazione rilasciata da Carroll al giornalista Nick Carter e pubblicata sul Milwaukee Journal Sentinel il 6 maggio 1999.
[193] Dichiarazione rilasciata da Carroll al giornalista Nick Carter e pubblicata sul Milwaukee Journal Sentinel il 6 maggio 1999.

quando si fa qualunque altra cosa, è sempre possibile che il proprio prodotto venga interpretato in un modo che non era stato previsto. Ma comunque questo non rende assolutamente gli autori responsabili. Il fatto che il mio nome venga associato a una tragedia come questa solo perché presenta aspetti vagamente simili a quelli contenuti in un libro scritto più di vent'anni fa, beh, mi infastidisce molto... Prendete uno come Mark David Chapman[194]: quando l'hanno arrestato gli hanno trovato una copia de "Il Giovane Holden" in tasca e l'omicidio commesso da lui aveva molti più riferimenti espliciti al libro di quanti non ne abbia questa strage con il film tratto dal mio libro. Voglio dire: prendete Charlton Heston, per esempio: sta lì, con la sua pistola puntata, sembra dire "fallo anche tu", e poi se la prendono con me?

---

[194] Mark David Chapman (10 maggio 1955). Il mitomane che uccise John Lennon l'8 dicembre del 1980

2000 AND BEYOND...

I will climb on top of it and come
In and out of time,
Cocking my head to the side slightly,
As I finish shaking, melting then
Into its body, its soft skin

Jim Carroll, "Poem"
tratto da "Void of Course" (1998)[195]

Jim alla chiusura del CBGB's (settembre 2006)

---

[195] Mi arrampicherò sulla vetta e verrò/ dentro e fuori dal tempo/ inclinando la mia testa leggermente/ mentre finisco di scuotermi, fondendomi poi/ dentro il suo corpo, la sua pelle morbida.

12.

Il nuovo millennio si apre con una bella sorpresa per i fan di Jim Carroll. Il nostro pubblica infatti con i tipi della Kill Rock Star un EP di sole canzoni, "Runaway".
Nonostante l'unico inedito sia la title track (che poi tanto inedita non è, visto che è una cover completamente riarrangiata del vecchio successo di Del Shannon[196]) e gli altri pezzi siano tre versioni live ("I Want the Angel", "It's Too Late" e "Falling Down Laughing", registrate da Jim al Seattle's Crocodile Cafe il 17 novembre del 1998) e una versione demo ("Hairshirt Fracture") di canzoni vecchie, il ritorno di Carroll a un progetto interamente musicale viene accolto con grande curiosità da critica e pubblico.

---

[196] Charles Weedon Westover aka Del Shannon (30 dicembre 1934 - 8 febbraio 1990). Songwriter e cantante rock'n'roll statunitense. La sua più famosa hit fu appunto "Runaway", che raggiunse il n.1 delle charts americane nel 1961.

Al lavoro partecipa una schiera di musicisti incredibili: Robert Roth dei Truly (chitarra e organo in "Runaway", solo chitarra in tutti gli altri pezzi), Kurt Block dei Fastbacks (chitarra nei tre pezzi live registrati a Seattle), Gary Valentine dei Blondie (chitarra ritmica in "Runaway"), Mark Pickerel (batteria in "Runaway" e "Hairshirt Fracture"), Brian Young dei Posies e Fountains of Wayne (batteria nei tre pezzi live), Hiro Yamamoto (basso in "Hairshirt Fracture") e George Reed-Harmon dei Truly (basso in "Runaway" e nei tre pezzi live).
Carroll:[197]
Si tratta principalmente di materiale live suonato con i ragazzi di Seattle: uno viene dai Posies, uno dai Soundgarden e uno da un altro gruppo chiamato Truly. Abbiamo fatto questa versione un po' "esitante" di "Runaway" di Del Shannon; l'ho cantata molto lentamente, con questa voce a metà tra il parlato e il cantato. Non volevo cantarla mica come Del Shannon... alla fine è venuta proprio bene. L'EP poi si è costruito intorno a questa cover, tutte cose gettate lì e messe assieme abbastanza di fretta.
Il disco suona da Dio. La title track è avvolgente, ipnotica e convincente; Carroll con l'età ha sviluppato un timbro vocale decisamente più versatile e sicuro rispetto agli esordi e il gruppo sembra divertirsi parecchio nel rileggere un innocuo pezzo sixties colorandolo di riverberi, schitarrate e distorsioni, senza tuttavia lasciar gocciolare fuori dalla tazza la forza del ritornello ammaliante della versione originale di Shannon.

---

[197] Dichiarazione rilasciata da Carroll al giornalista Sean Spillane e pubblicata sul Connecticut Post del 22 maggio 2001.

La versione demo di "Hairshirt Fracture" risulta abbastanza simile a quella originale presente in "Pools of Mercury", è solo un filo più energica.

La sensazione che Jim sia un cantante migliore a cinquant'anni rispetto che a trenta diventa certezza con le versioni live di "I Want the Angel" e "It's Too Late": il nostro supera brillantemente la prova del tempo confrontandosi con due cavalli di battaglia del passato, rinvigorito anche da una band precisa e allucinata come la mano di un geniale chirurgo sotto l'effetto di buona mescalina.

Chiude "Falling Down Laughing", una delle migliori canzoni di "Pools of Mercury", qui proposta in una versione live da brivido.

Robert Roth:

Stavo facendo una intervista artista-con-artista con Jim per la rivista di Charles Cross (Heavier than Heaven), the Rocket, per promuovere l'uscita di "Pools of Mercury" e "Void of Course".

Alla fine dell'intervista mi invitò a suonare con lui al Crocodile Cafè quando era in programma che facesse un reading per promuovere il nuovo libro e il cd. Diventò uno show rock quando misi insieme una band per accompagnare Jim. Trovai Kurt Block dei Fastbacks per fare la seconda chitarra, Brian Young dei Fountains of Wayne alla batteria... un mio amico al basso. Imparammo la maggior parte di "Catholic Boy". Mettendo per un secondo da parte l'umiltà, devo ammettere che fu davvero sorprendente, un'esibizione elettrizzante. Mi imbattei in un tizio un anno dopo che disse che aveva visto la JCB nel 1980 - la disgraziata notte che morì John Lennon - quando Jim dedicò "People Who Died" a Lennon. Disse che non poteva credere che Jim fosse diventato ancora più bravo di allora, nel '98. Jim aveva fatto un sacco di reading ma non aveva suonato in un vero show live per 14 anni. Si era esercitato per una settimana e aveva suonato in due spettacoli a New York prima di uscire e fare il primo show con noi al Crocodile... andò alla grande. Era ancora dentro di lui. C'era dentro. Amarono il reading, specialmente "8 Fragments for Kurt Cobain", ma il set rock di 45 minuti li mandò fuori di testa. Mentre stavo accordando per "Falling Down Laughing", Jim sentì l'accordo minore di apertura e spontaneamente cominciò a cantare - lentamente e con calma - "Runaway" di Del Shannon. Quando raggiungemmo il coro, sia la band che il pubblico si unirono a noi e fu un momento veramente grande e divertente. L'anno successivo facemmo una nuova performance sold out al Crocodile e uno show a Portland. Dissi a Jim che avremmo dovuto registrare "Runaway". La Sub Pop avrebbe voluto pubblicare un singolo all'inizio, ma poi Slim Moon della Kill Rock Stars si mostrò veramente interessato. Avevano iniziato come etichetta di spoken word e poi diventarono un'etichetta punk rock, così sembrava una buona combinazione.

Jim fece sentire "Runaway" a Lou Reed e Lou reagì tipo: "Ehi, questo non sei tu!", riferendosi alla parte in falsetto "why why why". Jim mi disse che a Lou piacque molto. L'idea era di incidere la base di "Runaway" prima che Jim venisse in città e poi registrare la sua parte vocale in uno studio di Tacoma, che si trovava di passaggio per il reading/show che doveva fare a Portland. Funzionò perfettamente. Avevamo alcune registrazioni decenti del primo show al Crocodile e la demo di "Hairshirt Fracture" era abbastanza diversa dalla versione che era uscita in "Pools of Mercury", quindi invece di un singolo in vinile Slim e io decidemmo di farne un EP.

La ritrovata *verve* rock di Jim è anche merito dei musicisti, quasi tutti di Seattle, che lo accompagnano. Carroll[198]:

È un qualcosa che ha a che vedere con Seattle. Credo che ci sia un legame davvero solidale e comunitario tra i musicisti di lì, non si parlano alle spalle. Invece a New York era sempre così, me ne sono reso conto una volta parlando con Lenny Kaye. Anche quando ho iniziato a fare musica a San Francisco un sacco di band parlavano male di altre band, e così all'infinito. E se tu per caso riuscivi ad avere un contratto, tutti gli altri ti odiavano! C'era una brutta atmosfera di rancori e gelosie. Non me ne ero mai accorto perché anche nella scena di St. Mark's c'era questo spirito comunitario e tutti si aiutavano a vicenda.

Purtroppo "Runaway" sarà l'ultima occasione per gli amanti del Carroll-musicista di sentirlo cantare su un album. Perché dopo un paio di date per promuovere un disco fatto unicamente per divertimento, Jim abbandona di nuovo il rock'n'roll e torna alla scrittura, l'unica compagna con cui non si è mai è stufato di dividere il letto.

Robert Roth:

Parlammo più volte di fare un altro disco completo dopo che avesse finito il suo romanzo. Jim subiva un sacco di pressioni per consegnare il romanzo, quindi il rock and roll veniva dopo ed era fonte di distrazione per lui. Parlava sempre di quanto era tentato dalla carica elettrica del rock and roll, ed era qualcosa che gli creava dipendenza e da cui doveva stare lontano, se voleva

---

[198] Dichiarazione rilasciata da Carroll a Suzan Alteri e pubblicata su Real Detroit Weekly il 13 gennaio del 2000.

essere un romanziere. C'era gente che gli offriva contratti discografici tutti i giorni, ma lui si sentiva prima di tutto uno scrittore. A volte mi rendo conto che avrei veramente voluto spingerlo a fare un altro album, ma poi penso che non sarebbe stato nel suo interesse. Apparentemente avevamo entrambi ragione, perché stava rifinendo gli ultimi dettagli del suo romanzo quando morì. Sono abbastanza sicuro che "Petting Zoo" per lui fosse più importante della vita stessa, considerando quanto ci si dedicò e a quante cose rinunciò per questo. Sono così felice che sia riuscito a ultimarlo, e non vedo l'ora di leggerlo.

Capita, intanto, una cosa curiosa e apparentemente poco in linea con il mondo Carroll: nel novembre del 2000 Jim appare come modello sulla rivista "L'Uomo Vogue", indossando un elegante abito scuro.

Glamour a parte, Jim continua a lavorare a "The Petting Zoo" l'attesissimo romanzo sul pittore. "Stigma" invece viene abbandonato dopo parecchie ricerche.

Carroll:[199]

Ho dovuto fare un sacco di ricerche per questi due libri, un lavoro che mi ha portato via una cosa come tre o quattro anni. Poi un bel giorno sono andato a pranzo con il mio agente e il mio avvocato, che hanno fatto questo "intervento letterario", dicendomi: "non puoi scrivere due libri contemporaneamente", ovvero ciò che stavo tentando di fare, "e non puoi continuare così a fare ricerche, sta diventando un passatempo!"

Nell'agosto del 2001 viene portata in scena a New York la versione teatrale di "The Basketball Diaries",

---

[199] Dichiarazione rilasciata da Carroll al giornalista Billy Manes e pubblicata sul Metro Times il 6 novembre 2002.

interpretata dall'attore svizzero Pascal Ulli. Pascal, sceneggiatore, direttore e protagonista dello spettacolo, aveva proposto la riduzione teatrale dei diari già nel 1999 a Zurigo, con il titolo "In den Strassen von New York".
L'11 settembre 2001 le Torri Gemelle crollano in seguito all'attacco terroristico. New York brucia e a Jim, che della Grande Mela ha fatto letteratura, viene chiesto un parere. Lo scrittore risponde con la solita lucida ironia.
Carroll:[200]
Questo cambierà il mio lavoro e il lavoro di tutti quanti... Ma il lavoro cambia sempre, ogni libro è come se fosse scritto da una persona diversa... quando accade qualcosa del genere la psiche dell'America cambia, è meglio pensare che cambi. Nei "Basketball Diaries" dicevo che avrei voluto che la mia scrittura fosse così forte da permettermi un giorno di scrivere un libro di sole otto pagine, ma così potenti che, sfogliandole una dopo l'altra, una parte del Pentagono sarebbe esplosa. Una pagina e una parte del Pentagono che esplode. Bello! Mi sono dimenticato di tutte quelle storie, ora. Mi stupisce che nessuno sia venuto a casa mia però...
Jim non è mai stato un artista politicizzato, e ha sempre tenuto a precisarlo. Tuttavia non si è mai sottratto al ruolo di attento osservatore della realtà che lo circonda.
Carroll:[201]
La mia ex moglie e il suo attuale marito hanno due bambini che amano molto e a cui stanno molto vicini. Ma

---

[200] Dichiarazione rilasciata da Carroll al giornalista Jason Louv nell'ottobre 2001.
[201] Dichiarazione rilasciata da Carroll al giornalista Jason Louv nell'ottobre 2001.

li vedo, la femminuccia ha dieci anni ma è molto precoce e l'altro ne ha otto.
Vedo nei loro occhi una paura simile a quella che avevo io ai tempi della Guerra Fredda. La bambina vuole sempre stare con la mamma, non vuole andare a scuola. Il bambino, beh, va anche peggio.
Immagino che la loro paura più grande ora sia quella di essere arruolati e dover andare in guerra a combattere. Questo lo so per certo perché conosco un paio di scrittori di circa vent'anni. Non vogliono andare in guerra, non credono per un cazzo alla nostra strategia in Afghanistan. Voglio dire, è ovvio che siano contro Bin Laden, ma non pensano che la guerra sia la soluzione giusta.

Tra il 2000 e il 2004 Carroll trascorre il suo tempo dividendosi fra i reading di poesia e la scrittura del nuovo romanzo.

In quattro anni si esibisce una cinquantina di volte.

Carroll:[202]

Grazie al rock'n'roll ho imparato a fare dei reading migliori.
Un'altra cosa che ho iniziato a fare sono i monologhi. Si parte con un'idea, che non è stata scritta prima, e poi si continua come se si stesse raccontando una storia. È molto difficile perché mentre lo fai lavori senza una traccia, una linea da seguire, non c'è un foglio con scritto un canovaccio su cui appoggiarti. Se fai cagate è davvero brutto quindi. Ma per uno spettacolo di questo tipo ricevi un grande feedback dal pubblico. E ogni volta che faccio questi monologhi mi viene in mente qualche

---

[202] Dichiarazione rilasciata da Carroll a Suzan Alteri e pubblicata su Real Detroit Weekly il 13 gennaio del 2000.

nuovo personaggio, e qualcuno di questi dopo un po' entra a far parte della storia. Li scrivo e entrano dentro alla storia, una grande macchina letteraria. A volte funzionano come racconti brevi. Ci sto lavorando proprio ora ma è anche una cosa che ho già fatto in passato. Altri personaggi non funzionano e quindi li scarto...
L'altra cosa da dire è che, da quando scrivo sia prosa che poesie, al momento di fare un reading inizio sempre con un monologo o un pezzo in prosa... mi piace leggere parti in prosa, la maggior parte di queste riescono a divertire, e dopo leggo delle poesie che solitamente sono più serie ma non sempre vengono recepite così, dipende anche da cosa leggo. Mi è parso di capire che, durante gli ultimi reading, anche le poesie abbiano fatto ridere...
La teoria che gli spettacoli di parlato si fonderanno per forza con il rock'n'roll è una stronzata gigantesca. Non succederà mai, la gente vuole il backbeat. Lo so perché ho fatto entrambi e posso dire che avverto la diversa reazione dal pubblico. Ma ci sono alcune somiglianze e trucchetti che si possono rubare al rock'n'roll. Scrivere una poesia e scrivere un testo per una canzone, tecnicamente, sono due cose molto diverse.
Mi ha sempre fatto incazzare quando i critici hanno parlato dei testi delle mie canzoni come fossero poesie, cazzo sono molto diversi, anche se si volesse provare a fare la stessa cosa da un punto di vista estetico. Ma non credo che gli spettacoli di parlato riusciranno a mettere in ombra la musica rock o viceversa, assolutamente no. Vedo che la gente vi prende parte in modi e tempi diversi e questo è un bene.
Durante un reading al Lucky Dog di Boston, Jim improvvisa anche con una band locale cantando "People Who Died" e "It's Too Late".

Duncan Arsenault, il chitarrista che quella sera jamma con lui, ricorda un Jim in discreta forma, cordiale, simpatico e disponibile.

"Era una persona veramente divertente", conclude Duncan.

Se si escludono le performance in giro per il paese, il cinquantaduenne Jim conduce una vita tranquilla e ritirata a New York. Lontano dai circoli letterari, dalle nuove scene artistiche, da tutto.

Carroll:[203]

Mi sento fortunato ad essere cresciuto a New York ma penso anche che uno dei periodi migliori della mia vita sia stato quello passato a San Francisco: è lì che ho potuto far diventare tutto ciò che sapevo saggezza.

A dirla tutta, scrivo meglio su New York quando ne sono lontano che quando mi ci trovo a vivere, più poesie che prosa. Quindi ai fini del mio essere uno scrittore non è importante dove vivo, e d'altronde non faccio più parte di nessuna scena. Non esco mai. Continuo a dirmi che invece dovrei. Ho passato un periodo molto ermetico, ora sono tornato nei sobborghi. Credo che dovrei uscire più spesso. Vedi, sono uscito ieri notte e mi sento come se adesso avessi bisogno di stare in casa per almeno un mese.

Ormai da anni non fa più uso di droghe, nemmeno le canne perché lo fanno andare in paranoia, e tantomeno beve.

Carroll:[204]

Non bevo mai. Non capisco perché Kerouac dicesse: "Se hai un blocco mentre scrivi, fatti un altro cicchetto o

---

[203] Dichiarazione rilasciata da Carroll a Suzan Alteri e pubblicata su Real Detroit Weekly il 13 gennaio del 2000.
[204] Dichiarazione rilasciata da Carroll a Suzan Alteri e pubblicata su Real Detroit Weekly il 13 gennaio del 2000.

qualcosa del genere". Se mi fermassi mentre scrivo e mi mettessi a bere probabilmente finirei sotto alla macchina da scrivere dopo un secondo. Il mio metabolismo fa schifo, una cosa del genere mi stenderebbe sicuro. Quindi non capisco questa sindrome dell'alcol mentre si scrivé.

Il suo rapporto con la religione è sempre complesso e contradditorio. Spesso lo si vede alla messa della sera, anche se ammette di sentire la mancanza della vecchia predica recitata in latino.

Carroll:[205]

Mi piaceva quando il prete dava le spalle ai fedeli. Oggi invece sembra uno di quei cuochi della tv... non prendo mai la comunione. Penso sempre che prima o poi troverò il prete dei miei sogni, ma alla fine tutti quanti puzzano di alcol, come quando ero ragazzino...

Durante i primi mesi del 2002, Ray Manzarek e Robby Krieger decidono di ritornare ad esibirsi insieme dal vivo e di riproporre il materiale dei Doors. Formano quindi un nuovo gruppo chiamato The Doors of the 21st Century. La line-up prevede Ian Astbury come cantante, Angelo Barbera al basso e Stewart Copeland alla batteria (in seguito verrà rimpiazzato da Ty Dennis). Densmore, invece, batterista storico della band, si chiama fuori dal progetto.

Il gruppo va in tour e pubblica nel 2003 il DVD "The Doors of the 21st Century: L.A. Woman Live".

L'idea di Manzarek non è solo quella di esibirsi ma di realizzare un vero e proprio nuovo disco d'inediti dei Doors. Il vecchio Ray se la studia per bene, conscio di

---

[205] Dichiarazione rilasciata da Carroll a Lewis Mac Adams e pubblicata su Entertainment Weekly del 30 giugno 1995.

quanto sia difficile riuscire a stanare qualcuno in grado di scrivere testi all'altezza di quelli del defunto Morrison. Per sostituire un Jim ce ne vuole un altro, di eguali se non superiori doti poetiche. E allora si pensa a Carroll, con cui Ray aveva già tenuto un paio di reading a San Francisco qualche anno prima. E Carroll accetta, iniziando a scrivere nuovi testi per i Doors del 21° secolo. Jim butta giù una manciata di pezzi ma il progetto non decolla. John Densmore fa causa ai due ex compagni Manzarek e Krieger, in quanto non vuole che il gruppo si faccia chiamare The Doors. Il batterista vince in tribunale e la band cambia il proprio nome in Riders On The Storm.
Successivamente Ian Astbury lascia il gruppo per tornare nei Cult e al suo posto viene preso il cantante dei Fuel, Brett Scallions.
Le cause, i cambiamenti di line-up e tutto quanto ne è seguito hanno fatto sì che non si sia più parlato del nuovo disco d'inediti a cui ha collaborato Jim.
L'assistente di Carroll, Cassie Carter, mi ha scritto in una mail: "Ho ritrovato recentemente, mentre stavo pulendo il suo appartamento, le canzoni che Jim aveva scritto per Manzarek. Non ho idea di come sia finito il progetto di registrarle…".
Durante alcuni show i nuovi Doors suonano spesso una canzone inedita, "Cops Talk", scritta proprio da Carroll insieme a Michael McClure[206] e all'ex leader della punk band degli X, ora attore, John Doe.
Nel bootleg del concerto tenuto dai Doors 21st Century al Orpheum Theater di Boston il 25 aprile del 2003 - ancora

---

[206] Michael McClure (20 Ottobre 1932). Drammaturgo, poeta e scrittore legato alla Beat Generation.

con Astbury alla voce - si può sentire una versione live del brano.
Jim si esibisce anche in un paio di reading con Manzarek e McClure, con cui il tastierista dei Doors collabora da anni. Manzarek e McClure nel 2006 daranno alle stampe anche il Dvd "The Third Mind", un documentario in cui i due, con un penetrante sottofondo musicale, discorrono del mistico connubio fra rock e poesia. Il filmato viene inframmezzato da stralci d'interviste di altri noti poeti fra cui Ginsberg, Ferlinghetti, Diane Di Prima e, appunto, Jim.

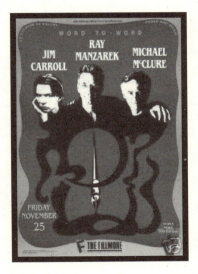

Nel 2003 viene pubblicato un interessante progetto che lega nuovamente Carroll al padre della beat generation: Jack Kerouac. Esce infatti per la Mint "Doctor Sax And The Great World Snake". Si tratta di una sceneggiatura inedita di Kerouac che diversi poeti ed artisti, fra cui Jim, registrano per farne un doppio cd di spoken words.

Sul finire dell'anno, però, le cose cambiano nell'universo Jim Carroll. Qualcosa non funziona. Qualcosa se ne sta andando. Non si tratta del talento. È la salute.
Poco a poco le apparizioni pubbliche si diradano, così come le collaborazioni e le notizie su di lui.
Solo quattordici reading fra il 2004 e il 2008.
Poi più niente.

Jim e Patti Smith, giovanissimi, nei primi anni settanta

13.[207]

Gli ultimi mesi di vita di Jim non sono facili. Il suo corpo, una volta atletico, viene indebolito da una forma aggressiva di polmonite. Il resto lo fa una terribile sindrome da malassorbimento, una patologia che rende incapaci di assorbire nutrimento dal cibo. Jim ha anche problemi di circolazione alle gambe che certi giorni gli impediscono di lasciare il suo appartamento. I suoi capelli sono striati di grigio e spesso nascosti da un berretto di lana o da un cappello a tesa larga. È sempre più magro e, per mascherare il viso ossuto, si fa crescere una lunga barba, così lunga da poggiare sul colletto delle sue magliette. Pur essendo alto quasi un metro e novanta, cammina così curvo da sembrare parecchio più basso. Mangia regolarmente ma non riesce a mettere su peso. Si sta deteriorando fisicamente, tanto che Rosemary lo pungola più volte per farlo andare da un dottore, cosa che Jim rimanda il più possibile in quanto odia i medici.
Carroll è consapevole di stare invecchiando rapidamente e precocemente.
Man mano che la sua salute peggiora, diminuiscono le apparizioni pubbliche. Le rare volte che Jim accetta di prendere parte a qualche reading i fan rimangono scioccati dalle sue condizioni. Nel 2007, quando viene invitato a leggere alcuni estratti di "The Petting Zoo" al Festival del Libro di Brooklyn, sembra confuso e sperduto sul palco mentre sfoglia tra le pagine del manoscritto.

---

[207] Le informazione riportate in questo capitolo sono in parte tratte dall'articolo "Jim Carroll's Long Way Home" di Alex Williams, pubblicato sul N.Y.Times il 21 settembre 2009.

"C'è dello scritto su entrambi i lati della pagina", dice, secondo quanto riportato da un testimone su un blog chiamato Ephemerist, "credo di non riuscire a trovare quello che cerco".
Come ha fatto tante volte, si salva con lo humor: "Non so neanche che ci faccio qui. Io sono di Manhattan, man!".
Jim non se la passa troppo bene neanche economicamente. Vive grazie ai diritti dei suoi libri e delle sue canzoni, ma è poca roba. Tutti i venerdì gli arriva qualche piccolo assegno e Jim si siede e fa i conti.
"Lui si sedeva e faceva i conti al venerdì. C'erano sempre un po' di assegni da 12, 24, 48 dollari...", dice Martin Heinz, uno dei pochi amici ad aver mantenuto frequenti contatti con Jim negli ultimi mesi.
Il bisogno di un appartamento economico porta Carroll a tornare al 585 di Isham Street, a Inwood.
La casa della sua infanzia.
Un posto pacifico per scrivere.
Il centro dell'appartamento, situato al piano terra, è la scrivania, con un carrellino imbottito sotto per sollevare la sua gamba dolorante. Le uniche decorazioni sono la locandina di un reading di poesia a cui aveva partecipato e un trittico di Kurt Cobain. Per mesi, le scatole di libri rimangono da spacchettare, e le finestre senza tende.
Mr. Heinz:
Diceva che a volte i vicini gli sorridevano mentre lui se ne stava semplicemente seduto lì, in mutande.
Anne Waldman:
La famiglia se ne era andata, ma in qualche modo lui stava tornando indietro. C'è molta poesia in questo, nel fare un circolo completo, atterrare, come se stessi chiedendo indietro qualcosa dalla vita, e trovando in questo senso e salvezza e comfort. Aveva un vero senso

della caducità. Penso che sapesse che i suoi giorni erano contati.

Lenny Kaye:
L'ultima volta che l'ho visto di persona fu quando lo aiutai a traslocare dall'appartamento a Brooklyn a quello che fu poi il suo ultimo appartamento, che era nell'edificio in cui era cresciuto, a Inwood. Jim aveva bisogno di un nuovo posto in cui vivere e riuscì a trovare questa casa, ironicamente, nel palazzo in cui era cresciuto, e che è sulla copertina di "Catholic Boy". Gli offrii quel passaggio dandogli una mano con il trasloco. Successivamente l'ho sentito qualche volta al telefono; il giorno del suo ultimo compleanno provai a chiamarlo un paio di volte ma non rispose, e poi è mancato... sfortunamente non ho avuto modo di vederlo molto negli ultimi anni.

Nel 2007 viene proiettato al Toronto Film Festival il documentario "Obscene", retrospettiva sull'editore americano Barney Rosset[208]

A raccontare quei periodi selvaggi ed affascinanti della letteratura contemporanea americana, insieme a Ray Manzarek, Michael McClure, Lawrence Ferlinghetti e tanti altri, c'è pure Jim, che compare anche nella colonna sonora del film con il pezzo "Falling Down Laughing". Robert Roth, co-autore del brano, sente telefonicamente Jim per l'ultima volta proprio quell'anno.

Robert Roth:
L'ho sentito molto caloroso e amichevole, mi disse che l'anno prima era stato male di salute ma che ora si stava

---

[208] Barnet Lee Rosset (28 maggio 1922). Ideatore ed ex proprietario della casa editrice Groove Press (ed editore della rivista Evergreen), che negli anni sessanta ebbe il merito di pubblicare, fregandosene della censura, "Tropico del Cancro" di Miller, "Il Pasto Nudo" di Burroughs e gli scritti di Che Guevara e Malcolm X.

riprendendo. Ero preoccupato per la sua salute ma lo sentii bene al telefono.
L'ultima volta che lo vidi di persona, invece, fu quando suonammo insieme alla Seattle Opera House, nel 2000, poco dopo aver realizzato "Runaway". Fu un concerto sold out. Passammo un bellissimo week end, andando in giro insieme; dopo quella volta, comunque, continuammo a sentirci abbastanza spesso... Una delle cose che ho amato di Jim era che trattava tutti con rispetto: la cameriera, l'autista al Bumbershoot Festival, i fan, ma se dicevano qualcosa di stupido era finita, relegati in fondo alla linea. Era la stessa forza della natura che si vede sulla pagina o sui dischi, ma decisamente più compromesso fisicamente e vulnerabile. Poteva essere molto energetico mentre attraversava il palco, come una pantera, mentre sputava fuori a mitraglietta una prosa brillante dentro a un coinvolgente tormentone, ma poi consumarsi in fretta e diventare quasi leggermente asmatico dopo aver cantato tanto. Sembrava così esile e giovane che non aveva senso. Non mi rendevo conto che fosse l'epatite C. Era sempre generoso e motivante nei confronti dei giovani artisti, me incluso. Emetteva anche genio e carisma, ed era semplicemente un ragazzo davvero cool. Era molto spesso davvero divertente... faceva di continuo brillanti collegamenti e riferimenti. Era davvero ben educato in molte cose e probabilmente aveva letto più libri di qualsiasi altro tu possa incontrare. Aveva sempre un tremito nella voce che, insieme con il suo spesso accento del Bronx e allo slang di downtown, era come un grande strumento musicale, era strettamente collegato alla sua sensibilità ed era il particolare e l'unicità della sua arte. Trovavo che la sua voce desse dipendenza e che il suo linguaggio fosse carezzevole, e viceversa.

È il mio scrittore e poeta preferito del periodo. Il più vivido, eccitante ed empatico, secondo me. È stato un vero privilegio conoscerlo e lavorare con lui. Era anche un vero fratello d'anima, un buon amico e gli voglio davvero bene e mi manca.

Nell'agosto del 2009, Jim annulla molti appuntamenti con la sua agente, Betsy Lerner, giustificandosi con presunte visite mediche.

Betsy Lerner:

Gli raccomandai uno dei miei medici. Lui ci andò ma prese immediatamente in antipatia la tipa della reception. Amava impressionarla... Nonostante il suo preoccupante stato di salute, continuava ad usare il suo senso dell'umorismo per cambiare argomento. Non ci si soffermava mai troppo con me...

Jim poco prima della sua scomparsa (© Stephen Spera)

Negli ultimi anni Jim di tanto in tanto si avventura agli Incontri dei Tossicodipendenti Anonimi, oppure si vede con i pochi amici al coffee shop di Chelsea per lunghe colazioni.
Qui Carroll si lancia in epiche e lunghissime narrazioni, nella migliore tradizione dei grandi cantastorie irlandesi. Racconti sulla filosofia greca, i vecchi film, le avventure giovanili per strada, il tutto condito dal suo immancabile humor nero.
"A volte ci volevano tre o quattro colazioni per arrivare alla fine della storia", ricorda ancora Mr. Heinz.
Secondo i presenti, Jim a volte parla dell'ambiguità del periodo passato sotto la luce dei riflettori. I pensieri del nostro sulla fama e la vita sono brucianti:
"Le mie tendenze autodistruttive in tutti gli aspetti della mia vita, insieme al bisogno di conferme a cui tu alludi, non c'è bisogno di ripeterle", scrive Jim in un messaggio del 2005 per Mr. Heinz, "ci sono profonde ragioni per entrambe, ma l'ultima è anche un risultato del modo in cui vieni coccolato e vezzeggiato da manager, donne e media quando sei al top, e la velocità con cui tutti si ritirano quando torni un po' indietro".
Mi racconta Stephen Spera, poeta, fotografo e grande amico di Jim:
Negli ultimi undici anni io e lui avevamo formato una specie di 'breakfast club', cosa che accadde accidentalmente visto che vivevamo vicini ...
L'ultima decade della vita di Jim è sconosciuta alla maggior parte della gente, eccetto a me e a pochi altri.
Jim lavorò al romanzo per tutto quel tempo, era serissimo su quello e noi discutevamo su ogni cosa tu possa immaginare.

Faceva anche un sacco di reading nella prima parte del decennio. In effetti, eravamo insieme l'11 settembre, e io lo portai immediatamente a procurarsi il passaporto così che potesse viaggiare e tenere le sue letture.
Negli ultimi tempi frequentava una donna, anche se Rosemary era il suo solo grande amore e badava a lui come amica, manager e avvocato. Jim parlava sempre di lei.
Durante l'ultimo incontro a colazione, avvenuto il 4 settembre, Carroll sembra di buon umore. Racconta storie di quello che definisce il suo periodo più felice, negli anni settanta, quando conduceva una semplice esistenza da scrittore a Bolinas.
Nonostante il fisico compromesso, cerca di finire "The Petting Zoo". Per Jim, che per tutta la vita si è specializzato in diari street-rap, poesie e testi di canzoni, adattare la sua voce letteraria ad una prosa lunga è una sfida affascinante e complessa.
Betsy Lerner:
Decisamente, ha scritto un sacco e ha buttato via un sacco... lavorava senza regolarità. A volte era una lotta riprendere il filo del discorso, ma quando lo faceva era fantastico. Aveva questi voli meravigliosi. Era ancora molto nella vecchia scuola Romantica, credo. All'inizio gli dicevo: "c'è molta attesa per il romanzo di Jim Carroll", con il tempo è diventato "l'aspettato-a-lungo romanzo di Jim Carroll" e infine: "quello che ci vogliono dieci anni a scriverlo...".
Comunque il libro è praticamente terminato. Prossimo alla fine, però, Jim si allontana di nuovo. Smette di rispondere alle e-mail della signora Lerner.
Betsy Lerner:
Sembrava si stesse aggrappando alle ultime domande sulla vita attraverso il protagonista del libro.

Al momento del decesso di Jim, il libro è in fase di revisione, abbastanza vicino ad essere pronto per la pubblicazione.
Stephen Spera:
Sul finire della sua vita ci accorgemmo tutti di come la sua salute si stesse deteriorando. Jim soffriva di sindrome da malassorbimento, una patologia che rende incapaci di assorbire nutrimento dal cibo.
Molti altri "piccoli" problemi finirono per essere cose più grosse, la sua gamba gli dava guai, ecc. Quindi, alla fine, mancò per un attacco di cuore. L'incapacità di assorbire nutrimento lascia uno molto scoperto alla possibilità di avere un attacco cardiaco.
Che altro aggiungere? Noi portiamo ancora avanti il breakfast club, così domani ci incontreremo a Chelsea, come sempre...
Carroll è solo, il giorno della sua morte. Un vicino sbirciando dalla finestra lo vede sdraiato sul pavimento (alcuni dicono sul letto, altri alla scrivania, nda) e chiama il 911. Ma ormai è tutto inutile: il catholic boy se n'è già andato.

I SALUTE YOU, BROTHER

Jim Carroll muore per arresto cardiaco venerdì 11 settembre 2009 nel suo appartamento di Inwood.
La notizia viene annunciata dall'ex moglie Rosemary soltanto il lunedì successivo.
Si dice che poco prima di morire Jim stesse ascoltando "Brown-eyed Girl" di Van Morrison, un altro irlandese. Come lui.
Sul suo sito, Lou Reed scrive: "Mi addolora informarvi della morte del talentuoso, magnifico Jim Carroll. I suoi libri, la sua poesia e le sue canzoni hanno fissato degli standard davvero alti per coloro che verranno dopo. Era l'eccellenza. Punto. Un cuore d'oro".
La veglia funebre tenuta a Bleecker Street vede presenti famigliari, amici e alcuni fans entrati in contatto con Jim prima della sua dipartita. Ciascuno è stato invitato dall'ex moglie a lasciare lettere, poesie e ricordi per l'artista scomparso.
Lenny Kaye recita un elogio funebre molto toccante, soffermandosi sul grande dono che Jim aveva e concludendo con "I Salute You, Brother": un verso di "People Who Died".
Terrell Winn e Steve Linsley si abbandonano ai ricordi, raccontando del loro incontro con Jim nei primi anni settanta e della successiva selvaggia cavalcata che portò la band alla registrazione di "Catholic Boy".
Poi tocca a Richard Hell, artista poliedrico e con un percorso artistico per certi versi simile a quello di Carroll, esprimere la sua profonda ammirazione per l'immenso talento di Jim.
Gerald Howardwent, uno degli editor di Carroll alla Penguin, ricorda invece quanto fosse divertente lavorare

con lui, raccontando di un magnifico 4 luglio di molti anni prima trascorso giocando a basket con Jim per tutto il pomeriggio. Lo aveva poi accompagnato a un'esibizione live della Jim Carroll Band a New York. Era il primo concerto dopo il clamoroso successo del singolo "People Who Died", esploso da poco in seguito al passaggio radiofonico del d.j. Scott Muni sulla prestigiosa WNEW-FM radio.
Patti Smith si materializza a metà veglia, è parecchio giù di morale e si limita a raccontare il divertente aneddoto su uno dei suoi primi incontri con Carroll. I due erano seduti e Jim iniziò a recitarle a memoria una poesia di Whitman, solo che a un certo punto, di colpo, si addormentò e rimase a sonnecchiare per più di mezz'ora. Simpatici effetti collaterali dell'ero. Patti allora attese pazientemente che Jim si svegliasse: quando lo fece, riprese esattamente a recitare la poesia a memoria da dove l'aveva interrotta.
Terminata la storia buffa, Patti si avvicina alla lunga bara in cedro, vi poggia delicatamente sopra i palmi e sussurra: "Jim, quando sarai lì, salutami Allen, William, Gregory, Herbert e tutti i nostri amici", riferendosi ai poeti beat Ginsberg, Burroughs, Corso e Huncke.
È il momento più toccante, l'atmosfera nella stanza si riempie di commozione, un'aria densa dove i ricordi fluttuano, liberi dalla gravità, proprio come desiderava Jim in "Wicked Gravity".
Il giorno dopo la veglia, alla Our Lady of Pompeii Church, in Carmine Street, si tengono i funerali di James Dennis Carroll, per tutti semplicemente Jim.
La folla accorsa per assistere all'ultimo saluto al poeta è numerosa e variopinta: vecchi e nuovi punk, hipster, artisti di strada ma anche persone dall'aspetto più

ordinario, che hanno amato i suoi versi, la sua musica o entrambe le cose.

Ed è abbastanza singolare ma per nulla disturbante vedere gente con la cresta o i capelli lunghi seduta all'interno di una chiesa severa in stile barocco, sembra quasi che il "sacro & profano" cantato da Jim nelle sue canzoni abbia trovato finalmente una incarnazione terrena.

A circa metà cerimonia il prete chiama Patti Smith e Lenny Kaye sull'altare. Kaye inizia ad arpeggiare con la chitarra mentre Patti canta una struggente versione di "Wing", il suo celebre pezzo, che per l'occasione diventa un vero e proprio inno. Quando la Smith intona il verso "And if there's one thing could do for you you'd be a wingin heaven blue"[209] l'emozione all'interno della chiesa si tende nell'aria come una corda d'arpa.

La bara di Carroll viene sepolta al St Peter's Cemetery, dove già riposano i suoi genitori.

E così muore un poeta.

E così New York celebra uno fra i suoi figli più talentuosi.

---

[209] Ci fosse qualcosa che potessi fare per te, saresti un'ala nel paradiso blu

Jim a Bolinas nel 1976 (© Mary Greer)

For Jim

Le dita in pressione sullo stantuffo
l'eroina torna a casa
nelle tue vene il tepore
si specchia nel brivido

Le tempie pulsano
testa tossica, sporca di malattia
abbandonata fra sapori dolciastri
& fango

Estrai l'ago dal braccio e getti via il laccio
che si accascia sull'erba
come una biscia uccisa
da un bisogno spento

Afferri la penna
fondi respiro e ritmo
scrivi
semplicemente scrivi

Demoni dagli occhi di gatto
aggrappati alla tua schiena
come scimmie bambine saltate fuori da ossari giocattolo
urlano parole che non comprendi

Parole sprezzate in frammenti di lettere
che si ammucchiano ai tuoi piedi
diventano cumuli di cenere
raccolti da una vecchia ramazza

Scrivi
osservando a pochi passi

la tua casa che brucia
lapilli affumicati e odore d'ossa

Strepitio di ricordi inceneriti
che si inerpicano nel cielo
e poi cadono
come scalatori inesperti

Avverti una strana delizia
nel respirare il rogo
che carbonizza frammenti di vita
che non ti servono più

Il grande incendio si alza nella notte
profuma l'aria con odore di fuoco
lingue di fiamma
a trafiggere le travi del tuo castello decadente

E mentre il caldo asciuga l'aria umida
seduto a gambe incrociate
il culo leccato dalla rugiada
ti sdrai sull'erba

Spari le tue parole in cima
razzi sonori
verso stelle scintillanti
e poi oltre

A portare suono
dove non c'è suono

F.T. Sandman

JIM CARROLL WORKS

MUSICA

Runaway (E.P.)
Jim Carroll
Kill Rock Stars, 2000

Pools of Mercury
Jim Carroll
Mercury Records, 1998

A World Without Gravity (Best Of)
The Jim Carroll Band
Rhino, 1993

I Write Your Name
The Jim Carroll Band
Atlantic, 1984

Dry Dreams
The Jim Carroll Band
Atlantic, 1982

Catholic Boy
The Jim Carroll Band
Atco, 1980

COLLABORAZIONI

Yes I Ram
Jon Tiven Group
New West, 1999
Carroll fa i cori su "Jessie" e "Differing Touch", che ha scritto insieme a Jon e Sally Tiven.

Feeling You Up
Truly
Symbiotic/Thick, 1997
Carroll scrive il testo della canzone "Repulsion".

.. And Out Come the Wolves
Rancid
Epitaph, 1995
Carroll legge una poesia originale a metà del brano "Junkyman," e da un suo verso viene scelto il titolo dell'album.

Back to the Streets: Celebrating the Music of Don Covay
Various Artists
Shanachie, 1993
In questo tribute album a Don Covay, Carroll canta la canzone "Long Tall Shorty".

Between Thought and Expression: The Lou Reed Anthology
Lou Reed
RCA, 1992
Carroll collabora al disco facendo i cori in alcune canzoni.

Other Roads
Boz Scaggs
Sony/Columbia, 1988
Carroll scrive il testo di "What's Number One", "I Don't Hear You" e "Crimes of Passion".

Club Ninja
Blue Oyster Cult
Koch Records, 1986
Carroll scrive il testo di "Perfect Water".

Live at Max's Kansas City
Velvet Underground
Atlantic, 1972
Pur non essendo accreditato nelle note dell'album, Carroll teneva il microfono durante la registrazione e la sua voce si sente chiaramente fra una canzone e l'altra.

COMPILATION & COLONNE SONORE

WBCN Naked 2000
Various Artists
Wicked Disc, 2000
In questo benefit album è contenuta come bonus track una rara versione di "It's Too Late" registrata dalla Jim Carroll Band al Paradise Club il 21 dicembre 1980.

The Basketball Diaries: Original Motion Picture Soundtrack
Various Artists
Island, 1995
La colonna sonora dell'omonimo film sulla vita di Jim contiene pezzi di PJ Harvey, Doors, Posies e tanti altri.
Carroll è presente con "People Who Died", una versione di "Catholic Boy" registrata insieme ai Pearl Jam e legge alcuni estratti da "The Basketball Diaries".

New Wave Dance Hits: Just Can't Get Enough, Vol. 6
Various Artists
Wea/Atlantic/Rhino, 1994
Compilation di celebri pezzi new wave. La Jim Carroll Band è presente con la canzone "People Who Died".

Sedated in the Eighties
Various Artists
Emd/Capitol, 1993
Compilation di celebri pezzi anni ottanta. La Jim Carroll Band è presente con la canzone "People Who Died".

Tuff Turf: Original Motion Picture Soundtrack
Various Artists
Rhino, 1985
La Jim Carroll Band è presente con le canzoni "People Who Died", "It's Too Late" e "Voices."

COVER & TRIBUTE

Heath Street
Heath Street
Heath Street, 2007
Nel disco della rock band americana è presente un brano intitolato "Song for Jim Carroll".

Rihanna
Mike Macharyas
NNMaddox 14mercy, 2006
Una traccia del disco del folle compositore techno Mike Macharyas si intitola "Jim Carroll" e ripete in loop il nome Jim Carroll per tutta la durata del pezzo.

Put Your Tongue to the Rail
Various Artists
Genus Records, 1999
Si tratta di un doppio tribute album che diversi artisti di Philadelphia hanno registrato in onore della Jim Carroll Band. Contiene 24 canzoni di Jim e soci reinterpretate sotto la produzione di Mike Villers.

Viva Zapata!
Seven Year Bitch
C/Z, 1994
Contiene una cover di "It's Too Late".

POESIA

Void of Course
Jim Carroll
Penguin Poets, 1998

Fear of Dreaming: The Selected Poems of Jim Carroll
Jim Carroll
Penguin Books, 1993 e 1998

The Book of Nods
Jim Carroll
Penguin Books, 1986

Living at the Movies
Jim Carroll
Grossman (1973); Penguin (1981)

Ups and 1 Down
Jim Carroll, 1970
Angel Hair Press

Organic Trains
Jim Carroll
Penny Press, 1967

PROSA

Forced Entries: The Downtown Diaries, 1971-1973
Jim Carroll
Penguin Books, 1987 e 1997

The Basketball Diaries
Jim Carroll
Tombouctou (1978); Bantam (1980); Penguin (1987, 1995, 1998); Faber & Faber (1987)

ANTOLOGIE

The Portable Sixties Reader
A cura di Ann Charters
Penguin Classics, 2003
Antologia contenente passaggi tratti da "The Basketball Diaries".

The Fourth Sex: Adolescent Extremes
A cura di Francesco Bonami, Raf Simons e Maria Luisa Frisa
Charta, 2003
Antologia contenente passaggi tratti da "The Basketball Diaries".

Angel Hair Sleeps with a Boy in My Head: The Angel Hair Anthology
A cura di Anne Waldman and Lewis Warsh
Granary Books, 2001
Antologia contenente le poesie di Carroll "The Burning of Bustins Island", "Blue Poles", "Love Rockets", "Styro", "Poem on My Son's Birthday" e "To a Poetess".

The OutLaw Bible of American Poetry
A cura di Alan Kaufman & S. A. Griffin
Thunder's Mouth Press, 1999
Antologia contenente le poesie di Carroll "8 Fragments for Kurt Cobain", "Facts", "Jukebox", "The Ocean Below", "With Van Gogh" e "Rimbaud Sees the Dentist".

Postmodern American Poetry: A Norton Anthology
A cura di Paul Hoover
Norton, 1994
Antologia contenente le poesie di Carroll "Withdrawal Letter" "Maybe I'm Amazed" e "Paregoric Babies".

Out of This World: The Poetry Project at St. Mark's Church-in-the-Bowery, An Anthology 1966-1991
A cura di Anne Waldman
Crown, 1991
Antologia contenente le poesie di Carroll "Dyoxin", "Methadone Maintenance Program--Mt. Sinai Hospital", "Poem" e "Fragment: Little N.Y. Ode".

American Childhoods: An Anthology
A cura di David Willis McCullough
Little Brown & Company, 1987
Antologia contenente parecchi passaggi tratti da "The Basketball Diaries".

Another World: A Second Anthology of Works from the St. Mark's Poetry Project
A cura di Anne Waldman
Bobbs-Merrill, 1970
Antologia contenente le poesie di Carroll "Vacation", "Living at the Movies", "Ten Things I Do When I Shoot Up", "The Blue Pill" e "The Scumbag Machine".

The World Anthology: Poems from the St. Mark's Poetry Project
A cura di Anne Waldman
Bobbs-Merrill, 1969
Antologia contenente le poesie di Carroll "Next Door", "The Distances", "The Loft" e un estratto da "The Basketball Diaries".

COLLABORAZIONI

A Crack Up at the Race Riots
Harmony Korine
Main Street Books, 1998
In questo romanzo sperimentale dello sceneggiatore di "Kids" e "Ken Park", Carroll collabora al capitolo "Letter from Tupac Shakur #2, to a Nineteen-Year-Old German Fan, July 1992".

On the Level Everyday: Selected Talks on Poetry and the Art of Living
Ted Berrigan, Joel Lewis
Talisman House, 1997
In questo libro sono trascritte le conversazioni del poeta Ted Berrigan. Contiene "Discussion Appropos Songwriting and Poetry" dove Berrigan discute con Carroll.

LIBRI FOTOGRAFICI

Resistance to Memory: Portraits from the Seventies
Gerard Malanga
Arena Editions, 1998
Contiene foto di Carroll risalenti al periodo alla Factory di Andy Wharol.

Angels, Anarchists & Gods
Christopher Felver
Louisiana State University, 1998
Contiene foto di Carroll.

The Love Book
Robert Rosenheck
Publisher: Macmillan, 1995
Contiene foto di Carroll con Allen Ginsberg.

Future Pop: Music for the Eighties
Peter L. Noble
Musson, 1983
Contiene un commento di Carroll sull'amico John Belushi.

SPOKEN WORDS

The Basketball Diaries
Audiobook Edition
Jim Carroll
Audio Literature, 1995

Praying Mantis
Jim Carroll
Giant, 1991 (ristampato nel 2008 da Noble Rot, 2008)

SPOKEN WORDS COLLABORAZIONI

Doctor Sax and the Great World Snake
Jack Kerouac performed by various artists
Mint, 2003
Si tratta di una sceneggiatura inedita di Kerouac che diversi poeti ed artisti, fra cui Carroll – che interpreta diverse parti - registrano per farne un doppio cd di spoken words.

Kerouac: Kicks Joy Darkness
Various artists
Rykop, 1997
Album di spoken words che omaggia Jack Kerouac, a cui partecipano famosi poeti, scrittori e musicisti Carroll legge la poesia "Women".

Home Alive: The Art of Self-Defense
Various Artists
Epic, 1996
Si tratta di un benefit album che mescola musica e spoken-word. Carroll legge il pezzo "Nightclubbing" tratto da "The Book of Nods".

Curtis's Charm: Original Motion Picture Soundtrack
Mark Korven, My Brilliant Beast
Rabid Dog Productions, 1996
Carroll legge il racconto "Curtis's Charm" tratto da "Fear of Dreaming"

Sound Bites from the Counter Culture
Various Artists
Atlantic, 1990
Carroll legge il pezzo "Guitar Voodoo", tratto da "The Book of Nods".

Better an Old Demon Than a New God
The Dial-a-Poem Poets
Giorno Poetry Systems, 1984
Carroll legge il pezzo "A Peculiar-Looking Girl" tratto da "Forced Entries".

You're a Hook: The 15 Year Anniversary of Dial-a-Poem
The Dial-a-Poem Poets
Giorno Poetry Systems, 1983
Carroll legge due estratti da "The Basketball Diaries".

Life Is a Killer
The Dial-a-Poem Poets
Giorno Poetry Systems, 1982
Carroll legge il pezzo "Just Visiting," tratto da "The Book of Nods".

Disconnected
The Dial-a-Poem Poets
Giorno Poetry Systems, 1974
Carroll legge due estratti da "The Basketball Diaries".

The Dial-a-Poem Poets
The Dial-a-Poem Poets
Giorno Poetry Systems, 1972
Carroll legge due estratti da "The Basketball Diaries" registrati nel 1969.

FILM

Obscene
Neil Ortenberg and Daniel O'Connor
Arts Alliance America, 2007
Retrospettiva sull'editore americano Barney Rosset.
Il filmato viene inframmezzato da stralci d'interviste di vari artisti fra cui Carroll.

The Third Mind
William Tyler Smith
Oglio Records, 2006
Documentario in cui il poeta Michael McClure e il tastierista dei Doors, Ray Manzarek, discorrono del connubio fra rock e poesia. Il filmato viene inframmezzato da stralci d'interviste di altri noti poeti fra cui Carroll.

The Source
Chuck Workman
Calliope Films, 1999
Documentario sulla Beat Generation. Carroll partecipa al film leggendo il pezzo "Times Square's Cage" tratto da "Forced Entries".

Lou Reed: Rock and Roll Heart
Timothy Greenfield-Sanders
Winstar, 1998
Documentario sulla vita e l'arte di Lou Reed. Carroll viene intervistato.

Curtis's Charm
John L'Ecuyer
East Side Films, 1995
Il film è tratto dal racconto omonimo scritto da Carroll e pubblicato in "Fear of Dreaming".

Poetry in Motion II
Ron Mann
Sphinx Productions, 1995
Carroll legge "Work, Not Play" e parla di quando seguì il suo idolo, Frank O'Hara, per le strade di Manhattan.

The Basketball Diaries
Scott Kalvert
Island Pictures, 1995
Nel film tratto dai suoi diari Carroll fa un cameo interpretando la parte del tossicomane Frankie Pinewater.

Tuff Turf
Fritz Kiersch
New World Video / Starz / Anchor Bay, 1985
In questa tipica love story studentesca anni ottanta Carroll appare brevemente interpretando sé stesso in una discoteca dove si esibisce cantando le canzoni "Voices" e "It's Too Late."

Listen to the City
Ron Mann
Sphinx Productions, 1984
Il film è una sorta di drammatica favola urbana ambientata in Canada, che tratta il tema della disoccupazione causata da una multinazionale senza scrupoli. Jim interpreta il vagabondo Hupar ed appare in parecchie scene della pellicola.

Poetry in Motion
Ron Mann
Studio: Sphinx Productions / Home Vision, 1982
In questo documentario sui poeti e la poesia, Carroll legge il pezzo "Just Visiting" tratto da "The Book of Nods".

BIBLIOGRAFIA CONSULTATA

ARTICOLI:

Jim Carroll's Long Way Home
By Alex Williams
N.Y.Times, 21 settembre 2009

Basketball Diaries Author Bounces Back
By M. Patricia Li
Harvard Crimson, 11 febbraio 2005

Beyond Basketball and Diaries
Hipster legend Jim Carroll comes clean with a new novel
By Billy Manes
MetroTimes, 6 novembre 2002

Diaries' Author's Life an Open Book
By Curtis Ross
Tampa Bay Tribune, 1 novembre 2002

The First Time I Heard Jim Carroll
By Jonathan Lethem
Gentlemen's Quarterly, agosto 2002

Interview
By Jason Louv
ottobre 2001

Jim Carroll Speaks His Mind
By Sean Spillane
Connecticut Post, 22 maggio 2001

Carroll Has Llittle Trouble Finding the Right Words
By Fran Fried
New Haven Register, 18 maggio 2001

The Basketball Diarist: Jim Carroll Speaks Out
By Louise Thach
Hudson-Current, 8 marzo 2001

Surviving Doors Open to Recording with Weiland, Astbury
By Corey Moss
MTV News, 5 gennaio 2001

Night and Day: Jim Carroll
By Norman Kee
Metroland, 5 ottobre 2000

Unspoken Genius
By Suzan Alteri
Real Detroit Weekly, 13–19 gennaio 2000

An Interview with Jim Carroll
By Nate Schweber, Eye Spy Reporter
Kaimin Online, 5 novembre 1999

Interview: Jim Carroll
By Curtis Waterbury
Portland CitySearch.com, 1 ottobre 1999

Jim Carroll: Caught in a Trap
By Frank DiCostanzo & Michael Workman
Lumpen Times, 8 maggio 1999

Linking of 'Basketball Diaries, Columbine Shootings Upsets Author
By Nick Carter
Milwaukee Journal Sentinel, maggio 1999

Jim Carroll can't escape rock & roll
By Marlene Goldman
Rolling Stone, 8 gennaio 1999

Catching Up With Jim Carroll
By Spyder Darling
NY Rock, gennaio 1999.

The Sultan of St. Mark's: Poet Jim Carroll Gives Readers a Dose of the Divine
By Jerry Stahl
The Paper, dicembre 1998

Poet Jim Carroll Waxes Lyrical On Return To Rock
By Colin Devenish
Music News of the World, 7 dicembre 1998

Alter Boy: Jim Carroll Rising
By Jackie McCarthy
Seattle Weekly, 12-18 novembre 1998

Catholic Boy Jim Carroll Returns to Rock
By Lisa Scott,
CatholicBoy.com, 1998

Jim Carroll Moves Between Two Worlds
By Steve Baltin,
CDNOW.com, 1998

Carroll's Clean Diaries
By Kieran Grant
Toronto Sun, 19 giugno 1997

Interview with Jim Carroll
By Christina Schmitt
Minnesota Daily Online, 1996

Approaching the 'Speed of Death': Jim Carroll and the Voice of a Dark Poetics
By Shannon Hanley,
Ace Magazine, 1996.

Jim Carroll: Past & Present Poetry
By Douglas A. Martin
Flagpole, 10 aprile 1996

Jim Carroll
By Jason Knowles
BG24 News, 20 febbraio 1996

Apollo on the Hudson
By Cindy McGlynn
Eye Weekly, 1 febbraio 1996

Verbal Entries: An Interview with Jim Carroll
by Thomas Gladysz
Booksmith Reader, 1996

20 Questions: Jim Carroll
By Neil Gladstone
Philadelphia CityPaper.net, 20 July 1995

Jim Carroll: Cool Poet
By Lewis MacAdams
Entertainment Weekly, 30 giugno 1995

Shooting and Scoring
By Melina Gerosa.
Entertainment Weekly, 5 maggio 1995

The Street Side of the Game
By Jon Stewart
Interview, 25 aprile 1995

A Poet Half-Devoured
By Andrew O'Hehir,
San Francisco Bay Guardian, 12 aprile 1995

Lord Jim
By Alex Williams
New York, aprile 1995

Cult Classic `Basketball Diaries' Finally Makes It to Film: Industry's Top Young Actors Have Coveted Project for Years
By Claudia Eller
Minneapolis Star Tribune, 30 gennaio 1995

Heaven in a Wild Flower
By Chris O'Connor
Eye Weekly, marzo 1992

An Interview with Jim Carroll
by Frank Andrick
Back Beat, 1991

Jim Carroll: From Poet to Rocker and Back
By Karla Peterson
The San Diego Union, 7 luglio 1989

Jim Carroll, Escape Artist
By Joseph Menn
Boston Globe, 1987

Nods of Days Gone By
By Karl Irving
UC Santa Barbara Daily Nexus
Arts & Entertainment, 22 maggio 1986

Visions from a Razor's Edge
By Karl Irving
UC Santa Barbara Daily Nexus, 1986

The Transformation of Jim Carroll
By Laura Fissinger
Musician, Player and Listener, febbraio 1981

Mean Streets
By Barbara Graustark
Newsweek, 8 settembre 1980

Jim Carroll
By Ted Berrigan
Culture Hero, 1969.

LIBRI:

The Virgin of Bennington
di Kathleen Norris
Riverhead Books, 2002

Please Kill Me: The Uncensored Oral History of Punk
di Legs McNeil & Gillian McCain
Grove, 1997
* In Italia il libro è stato edito da Baldini & Castoldi Dalai nel 2006

Mapplethorpe: A Biography
di Patricia Morrisroe
Random House, 1997

Keith Richards: The Unauthorised Biography
di Victor Bockris
Omnibus Press, 1997

Forced Entries: The Downtown Diaries, 1971-1973
di Jim Carroll
Penguin Books, 1987 e 1997
* In Italia il libro è stato edito da Frassinelli nel 1997 con il titolo "Jim ha cambiato strada".

The Basketball Diaries
di Jim Carroll
Tombouctou (1978); Bantam (1980); Penguin (1987, 1995, 1998); Faber & Faber (1987).
*In Italia il libro è stato edito da Frassinelli nel 1995 con il titolo "Jim entra nel campo di basket" e ristampato con una diversa copertina nel 2006.

SITI INTERNET

www.catholicboy.com
www.punkglobe.com/jimcarrolltribute1009.html
www.myspace.com/jcarrollband
www.myspace.com/jimcarrollitalia

INDICE ANALITICO

Arsenault Duncan 194
Ashbery John 26, 28, 166
Astbury Ian 195, 196, 197
Avakian Tristan 169
Bad Religion 141
Barbera Angelo 195
Belushi John 85, 100, 101
Berge Dennis 126
Berkson Bill 17, 29, 40, 50, 57
Berrigan Ted 29, 30, 31, 32, 33, 51, 53, 65
Biafra Jello 165
Biohazard 169
Black Flag 126
Blackwell Chris 140
Blake William 95
Blane Marc 66
Block Kurt 186, 187
Blondie 186
Blue Öyster Cult 81, 120
Bockris Victor 27, 43, 51
Bogart Humphrey 17
Boone Debby 76
Brecker Randy 98
Brownstein Michael 29
Buckley William F 33
Bukowski Charles 67
Burroughs William 34, 53, 66, 67, 69, 110, 120, 121, 126, 128, 165, 208
Cale John 169
Canning Tom 97
Capote Truman 17
Caravello Michael 112
Carey Mariah 169
Carroll Agnes 15
Carroll Thomas J. 15
Carroll Tom 15, 24
Carson Devereaux 50

Carter Cassie 122, 123, 196
Cassavetes John 140
Cassidy Jack 114
Chapman Mark David 183
Clarke Arthur 40
Clark Larry 23
Clark Tom 66
Clash 115, 116
Clearmountain Bob 81, 105, 106
Clemente Roberto 26
Cobain Kurt 136, 137, 138, 166, 167, 170, 177, 188, 200
Copeland Stewart 195
Corso Gregory 27, 40, 208
Cotton Michael 77
Covay Don 133
Cross Charles 187
Cult 196
Cure 104
Daley Arthur 16
Darling Spyder 144
Del Regno Suzanne 74, 96, 106
Dennis Ty 195
Densmore John 195, 196
Di Caprio Leonardo 139, 141, 144, 147, 153, 155, 156, 157, 182
Di Costanzo Frank 137, 177
Dillon Matt 139, 140
Dion Celine 169
Di Prima Diane 53, 197
Doe John 196
Doors 11, 145, 171, 195, 196, 197
Doors of the 21st Century 195
Downey Robert Jr 110
Duvall Shelly 129
Dylan Bob 40, 43, 54, 103, 121, 133, 175
Dylan Jesse 133
Fagin Larry 29
Faithfull Marianne 125, 126
Fastbacks 186, 187
Feldenkrais Moshe 63
Feldman Andrea 52

Ferlinghetti Lawrence 201
Figueroa Sammy 98
Fiskin Jeff 140
Fitzgerald Robert 97, 106, 123, 128, 149, 150, 151, 152, 153, 154, 155, 156
Fonda Jane 129
Fountains of Wayne 186, 187
Frantz Chris 77
Fuel 196
Ginger Coyote 76, 77
Ginsberg Allen 20, 21, 27, 28, 34, 40, 50, 51, 53, 54, 69, 88, 121, 126, 129, 165, 166, 197, 208
Giorno John 53, 110
Gits 165
Giuliani Rudolph 162, 163
Glen Tamela 125, 155
Goluboff Bryan 141
Greer Mary 60, 62, 67, 76, 122
Guns N'Roses 141
Hall Anthony Michael 140
Hansen Patti 91
Harris Eric 182
Harvey P.J. 145
Hawke Ethan 139
Heftern Gary 108
Heinz Martin 200, 204
Hell Richard 27, 81, 110, 207
Heller Liz 139, 140, 141
Heston Charlton 183
Hoffman Abbie 125
Howardwent Gerald 207
Hubbard L. Ron 177
Huncke Herbert 208
Jabbar Kareem Abdul 17
Jagger Mick 91
Jefferson Airplane 40
Jewel 169
J. Geils Band 98
Jo'mama 58, 60, 62, 73
Johansen David 110

Kalvert Scott 139, 140, 141
Kaye Lenny 70, 98, 99, 104, 109, 111, 115, 116, 130, 134, 146, 148, 157, 165, 169, 172, 173, 189, 201, 207, 209
Kerouac Jack 32, 33, 34, 40, 66, 67, 165, 173, 194, 197
Keys Bobby 81, 85
King Larry 182
Klebold Dylan 182
Klemfuss Rosemary 10, 63, 64, 66, 67, 68, 72, 75, 76, 92, 94, 96, 99, 109, 122, 123, 130, 136, 145, 147, 164, 199, 207
Krieger Robby 195, 196
Ladd Alan 17
Landrum Kinny 112
Lanier Alan 79, 81, 83, 98
Lauper Cindy 141
LaVey Anton 177
Leary Timothy 125
L'Ecuyer John 159, 160
Lee Will 112
Leibovitz Annie 15
Lennon John 84, 187
Lerner Betsy 203, 205
Linsley Brian 72, 73, 75, 85, 96, 97, 107
Linsley Steve 72, 73, 74, 94, 97, 98, 107, 112, 115, 118, 123, 207
Lounge Lizards 169
Love Courtney 136, 137
Lunch Lydia 110, 126, 165
Malanga Gerard 37, 38, 48, 51
Mann Ron 109, 158
Mansfield Jayne 177
Manson Marylin 11
Manulius John Bard 139
Manzarek Ray 195, 196, 197, 201
Mapplethorpe Robert 10, 41, 42, 47
Marley Bob 9, 140
Marnell Brian 11, 112, 114
McCartney Paul 24
McClure Michael 196, 197, 201
McGrath Earl 79, 80, 97, 98, 100, 105, 112, 115
Meier Frank 72
Mendoza Laura 155

Miller Arthur 40
Miller Henry 72
Mitchell Joni 40
Monk Meredith 110
Moon Slim 188
Morrisey Paul 38, 121
Morrison Jim 81, 86, 88, 138, 196
Morrison Van 207
Muni Scott 208
New York Dolls 81
Nirvana 136, 137, 165
Noble Peter L 85
Nodland Jayne 50
Norris Kathleen 47, 48, 57
O'Barr James 158
O'Hara Frank 20, 21, 26, 31, 34, 53, 138, 146, 158, 166
Palance Jack 17
Pearl Jam 145, 165
Phillips Wilson 130
Phoenix River 139
Piaf Edith 43
Pickerel Mark 145, 186
Polk Brigid 51
Pop Iggy 46, 134
Porzioni Episch 114
Posies 186
Rachtman Karen 145, 147
Ragni Jerry 40
Ramone Joey 40
Ramones 66
Ranaldo Lee 165
Rancid 157, 158
Redford Robert 139
Reed-Harmon George 186
Reed Lou 10, 51, 69, 80, 93, 105, 112, 119, 124, 125, 126, 132, 155, 188, 207
R.E.M. 165
Rennie Keith Callum 160
Richards Keith 43, 57, 79, 90, 91, 92, 96, 109
Richards David Alan 96

Rimbaud Arthur 31, 46, 53, 66, 72, 144
Rivers Larry 33, 37, 121
Rizzo Frank 88, 89, 90
Rosset Barney 201
Rodigan David 114
Rolling Stones 79, 80, 81, 89, 90, 91, 92, 105, 109
Rollins Henry 125, 126, 127, 128
Roth Adam 115
Roth Robert 145, 147, 155, 163, 169, 170, 171, 186, 187, 189, 201, 202
Sanchez Paul 96, 97, 98, 106, 111, 113, 118
Sanko Anton 165, 169, 173, 174, 175
Sanko Eric 169
Saroyan Aram 17
Sartre Jean Paul 40
Scaggs Boz 122
Scallions Brett 196
Schiff Harris 50
Screaming Trees 145
Seale Bobby 53
Shannon Del 185, 186, 188
Shepard Sam 46, 89
Shrieve Michael 180
Shrimpton Jean 42
Smith Patti 10, 27, 41, 42, 43, 44, 45, 46, 47, 59, 61, 63, 66, 69, 70, 71, 73, 76, 79, 81, 82, 86, 89, 90, 91, 98, 105, 121, 146, 165, 198, 208, 209
Smith Red 16
Snyder Tom 93
Sole Richard 70
Soren Tabitha 156
Soundgarden 145, 186
Spader James 110
Spera Stephen 204, 205, 206
Spielberg Steven 84
Spugen Nancy 40
Steding Walter 97
Stipe Michael 165
Stolz Eric 139
Strummer Joe 158

Swayze Patrick 9
Talking Heads 77
Taylor Mick 134
The Roches 169
The Tubes 77
Thomas Dylan 40
Thompson Hunter S. 125, 165
Tittleberger Mike 16
Tiven Jon 96, 97, 98, 100, 105, 111, 115, 180, 181
Tosh Peter 79
Truly 145, 147, 148, 165, 186
Twain Mark 40
Twiggy 42
Tyler Steven 165
Ulli Pascal 191
U2 140
Valentine Gary 186
Van Sant Gus 140
Vedder Eddie 137, 145
Vega Susanne 169
Velazquez Diego 160, 161
Velvet Underground 51, 81, 88, 114, 172
Vicious Sid 40
Vidal Gore 40, 129
Vilardi Frank 169
Virgin 2.0 169
Voidoids 81
Voznesenskij Andreevic 54
Wahlberg Mark 139, 141, 144, 156, 157
Waits Tom 140
Waldman Anne 28, 29, 31, 34, 45, 53, 54, 58, 126, 200
Warhol Andy 10, 37, 38, 51, 52, 58, 121
Warsh Lewis, 29
Welsh Irvine 158
Weymouth Tina 77
Winn Terrell 71, 74, 81, 82, 96, 97, 207
Wint Dean Maurice 160
Wolfe Michael 65
Wolfe Tom 40
Wood Ron 134

Woods Wayne 72, 73, 74, 75, 80, 81, 87, 91, 96, 99, 103, 106, 112, 115
X 196
Yamamoto Hiro 145, 186
Young Brian 186, 187
Zapata Mia 164
ZZ Top 100
7 Year Bitch 135, 165

1) **Ken Paisli - Guns N' Roses The Truth**

2) **Tonino Carotone e Federico Traversa - Il Maestro dell'Ora Brava**

3) **Michele Vaccari – Tupac, Tutti Gli Occhi su di Lui**

4) **Steve Malins - Depeche Mode Black Celebration**

5) **Ken Paisli - Michael Jackson Dossier**

6) **Episch Porzioni - Hate Yourself, La Vita e i tempi di Pete Doherty**

7) **Ken Paisli - Solo Ozzy**

8) **Episch Porzioni - Rock Coroner**

9) **Ken Paisli - AXL**

10) **Edo Rossi - Percorsi Musicali Indipendenti**

11) **F.T. Sandman - Bob Marley In This Life**

12) **Sara Parolai - LKJ Vita e battaglie del poeta del reggae**

13) **Luca Villa & Daria Moretti - Pearl Jam Evolution**

14) **Episch Porzioni - Kiss & Lick**

Finito di stampare nel marzo 2010
dalla Tipografia Ateneo di Genova
per conto di Chinaski Edizioni